国家自然科学基金重点项目"全球价值链视角下的国内区域
（71733003）

中国省级贸易增加值核算与应用

李善同 张红梅 何建武 彭敬 等编著

中国财经出版传媒集团
经济科学出版社
Economic Science Press

图书在版编目（CIP）数据

中国省级贸易增加值核算与应用／李善同等编著.
—北京：经济科学出版社，2020. 12
ISBN 978 - 7 - 5218 - 2168 - 0

Ⅰ. ①中… Ⅱ. ①李… Ⅲ. ①对外贸易 – 贸易增长 –
经济核算 – 研究 – 中国 Ⅳ. ①F752②F221

中国版本图书馆 CIP 数据核字（2020）第 244814 号

责任编辑：张﹒蕾
责任校对：刘 昕
责任印制：王世伟

中国省级贸易增加值核算与应用

李善同 张红梅 何建武 彭敬 等编著
经济科学出版社出版、发行 新华书店经销
社址：北京市海淀区阜成路甲 28 号 邮编：100142
编辑工作室电话：010 – 88191375 发行部电话：010 – 88191522
网址：www. esp. com. cn
电子邮箱：esp@ esp. com. cn
天猫网店：经济科学出版社旗舰店
网址：http：//jjkxcbs. tmall. com
北京季蜂印刷有限公司印装
710 × 1000 16 开 13. 25 印张 230000 字
2021 年 1 月第 1 版 2021 年 1 月第 1 次印刷
ISBN 978 - 7 - 5218 - 2168 - 0 定价：89. 00 元
（图书出现印装问题，本社负责调换。电话：010 – 88191510）
（版权所有 侵权必究 打击盗版 举报热线：010 – 88191661
QQ：2242791300 营销中心电话：010 – 88191537
电子邮箱：dbts@ esp. com. cn）

前　言

撰写《中国省级贸易增加值核算与应用》这本书要溯源于四年前我和我的团队与清华大学、国家统计局共同申请了国家自然科学基金重点课题——"全球价值链视角下的国内区域分工与市场一体化研究"。国际金融危机之后，利用投入产出模型开展全球价值链的研究日渐火热。我们团队长期致力于编制和研究中国国内的区域投入产出表和模型。在全球价值链研究的启发下，我们申请了这一重点课题。在课题的研究过程中，非常荣幸受商务部的邀请，我们承担了"国内有关省份贸易增加值核算"课题的研究。应该说，这两个课题的研究成果成为了本书撰写的重要基础。

撰写《中国省级贸易增加值核算与应用》的主要目的是，希望为国内研究区域价值链分工的同仁提供一套从数据准备到模型构建，再到结果分析与政策应用的全链条的研究参考，特别是展示这一领域研究的具体环节的详细内容和分析结果应用领域的深入探索。全书分为九章，下面我将分别概要介绍每章的主要内容。

第一章主要展示了与贸易增加值核算相关的背景知识，介绍了全球价值链的起源、与全球价值链相关的概念以及研究全球价值链的主要方法。其中，特别值得指出的是，为了帮助大家更好地理解全球价值链的内涵，在本章中我们梳理了全球价值链、价值链、供应链和产业链等几个相关概念的异同；同时我们还梳理了目前已有的七种不同的贸易增加值的核算方法，为各位同仁更好开展新的研究提供基础。

第二章主要介绍我们测算省级贸易增加值的方法。考虑到不同年份基础数据的差异，我们主要使用了两种不同的测算方法：一是对于存在省际投入产出表的年份，直接基于全球价值链的核算方法构建省级贸易增加值测算的方法；二是对于不存在省际投入产出表的年份，则利用对外贸易数据和基准年的投入产出表，在前述方法的基础上，基于一定的假设估算省级贸易增加值。

第三章、第四章分别介绍了省级出口增加值和省际流出增加值的核算结果。重点分析了省级贸易增加值的占比、来源以及各省参与全球价值链和国内价值链的程度，比较了两种不同方法（基于传统总值方法和基于测算的贸易增加值方法）测度的出口和省级流出依存度的差异，详细分析了省级农业和制造业的出口、省际流出增加值情况。

第五章试图以出口省内增加值率为例探讨贸易增加值率的政策含义。重点从区域和行业的角度分析出口省内增加值率的趋势性变化规律，并利用结构分解分析的方法探讨了出口省内增加值率差异的结构化原因，最终为合理利用贸易增加值率这一指标提供政策参考。

第六章重点分析影响各地区参与全球价值链分工的因素。利用制造业不同部门的出口垂直专业化这一测度各省参与全球制造业价值链分工程度的指标作为被解释变量，分析发展水平、开放程度、人力资本、市场规模等因素对全球价值链参与程度的影响，并在此基础上提出促进各地区积极融入全球价值链分工的的政策建议。

第七章从贸易增加值的视角分析了各省出口竞争力状况。与传统上采用出口总额测度出口显性比较优势的方法不同，本章基于价值链构建新的出口显性比较优势测度方法，可以更真实地反映一个地区不同行业的出口竞争力。在此基础上详细分析了不同省份农业、制造业和服务业不同部门的出口竞争力。

第八章试图构建一个经济、社会和环境相统一的分析框架，系统分析各省参与全球价值链分工的经济效益（贸易增加值）、社会效益（就业创造）和环境成本（碳排放）。在此基础上为各省在参与全球价值链分工过程中统筹好经济、社会与环境三者关系提供决策参考。

第九章在贸易增加值测算的基础上分析美国加征关税对国内不同地区经济和就业的影响。区分了不同的关税情景，利用全球模型和国内区域模型的连接，分析测度了美国加征关税对我国经济和就业影响的空间差异。

2020年5月23日，习近平总书记在看望参加全国政协十三届三次会议的经济界委员并参加联组会上首次提出，形成以国内大循环为主体、国内国际双循环相互促进的新发展格局。其后，推动形成以国内大循环为主体、国内国际双循环相互促进的新发展格局成为以习近平同志为核心的党中央根据我国发展阶段、环境、条件变化做出的重大战略部署。本书各章内容均在此之前已经完成。但从前面介绍的内容可以看出，很多内容与新发展格局的构建密切相关，比如说第六章关于参与价值链分工影响因素的分析对于形成国内大循环具有一定的政策启示意义。当然，我们更希望本书的出版能够为构建新发展格局的理论研究和政策落实提供参考。

在本书即将付梓之际，我想特别感谢国家自然科学基金委员会，是他们一如既往地支持我们开展国内区域经济方面的各项研究而催生了这本书的问世；感谢商务部，是他们为我们开展国内区域价值链的研究送来了"催化剂"，推动了我们的研究设定新的阶段性目标，也为我们的研究送来了政策试验的对象；还要感谢我的团队（名单附后），是他们的付出才有了这项研究成果，是他们的坚持才有我们对这一领域研究的持续贡献。

李善同

二〇二一年一月十八日

团队成员名单：

成员	职称/职务	单位
李善同	研究员	国务院发展研究中心发展战略和区域经济研究部、清华大学中国发展规划研究院
何建武	研究员，副部长	国务院发展研究中心发展战略和区域经济研究部
彭 敬	研究员	清华大学服务经济与公共政策研究院
吴三忙	教授，副院长	中国地质大学（北京）经济管理学院
祝坤福	副教授	中国人民大学经济学院
张红梅	讲 师	北京语言大学商学院
唐泽地	助理研究员	清华大学公共管理学院
潘 晨	助理研究员	清华大学公共管理学院
祝灵秀	博士	中国科学院数学与系统科学研究院、中国科学院大学
邵京京		国家开发银行广西分行

目 录
Contents

第一章 绪论 ……………………………………………………… 1

第一节 引言 ………………………………………………………… 1

第二节 省级贸易增加值核算背景 ………………………………… 2

第三节 贸易增加值核算方法综述 ………………………………… 13

第四节 本章小结 ………………………………………………… 17

第二章 省级贸易增加值核算 ………………………………… 19

第一节 基于 WWZ 法的省级贸易增加值核算方法 …………… 19

第二节 年度省级出口贸易增加值核算方法 ……………………… 26

第三节 数据结果 ………………………………………………… 31

第四节 本章小结 ………………………………………………… 39

第三章 中国省级出口增加值核算的结果分析 ……………… 40

第一节 引言 ……………………………………………………… 40

第二节 中国省级出口增加值的总体状况分析 ………………… 40

第三节 中国省级农业出口增加值分析 ………………………… 51

第四节 中国省级制造业出口增加值分析 ……………………… 55

第五节 本章小结 ………………………………………………… 68

第四章 中国省际流出增加值核算的结果分析 ……………… 69

第一节 引言 ……………………………………………………… 69

第二节 基于增加值的中国省际流出的总体状况分析 ………… 70

第三节 中国农业省际流出增加值分析 ………………………… 80

第四节　中国制造业省际流出的增加值分析 ······························ 82

第五节　本章小结 ······························ 86

第五章　出口省内增加值率与经济发展水平 ······························ 88

第一节　引言 ······························ 88

第二节　数据说明 ······························ 90

第三节　出口省内增加值率与发展水平的关系 ······························ 92

第四节　结论与政策启示 ······························ 105

第六章　出口垂直专业化水平的影响因素 ······························ 107

第一节　引言 ······························ 107

第二节　数据说明与模型设定 ······························ 109

第三节　出口垂直专业化水平的影响因素实证结果分析 ······························ 112

第四节　结论与政策启示 ······························ 121

第七章　基于价值链的中国各省份出口显性比较优势 ······························ 123

第一节　基于价值链的显性比较优势测度方法 ······························ 123

第二节　各省份农业增加值出口显性比较优势分析 ······························ 129

第三节　各省份制造业增加值出口显性比较优势分析 ······························ 130

第四节　各省份服务业增加值出口显性比较优势分析 ······························ 137

第五节　结论与政策启示 ······························ 140

第八章　价值链分工视角下出口的就业与碳排放效应研究 ······························ 142

第一节　引言 ······························ 142

第二节　文献综述 ······························ 143

第三节　研究方法与数据 ······························ 144

第四节　出口对中国各省份的就业效应 ······························ 149

第五节　出口对中国各省份的碳排放效应 ······························ 151

第六节　出口对中国各省份的就业与碳排放贡献率 ······························ 153

第七节　本章小结 ······························ 158

第九章 美国加征关税对国内区域经济总量与就业的影响 ……………… 160

第一节 美国对华经贸摩擦的背景及演进过程 …………… 160

第二节 影响机制和研究方法 …………………… 163

第三节 美国加征关税对各地区经济总量的影响 …………… 168

第四节 美国加征关税对各地区就业需求的影响 …………… 172

第五节 美国加征关税对各地区不同行业增加值和就业的影响 ……… 175

第六节 主要发现与政策启示 ……………………… 180

附录 …………………………………………… 183

参考文献 ………………………………………… 189

| 第一章 |
绪论

第一节 引 言

在交通和通信技术进步、贸易壁垒降低以及跨国公司快速发展的背景下，全球价值链逐步形成并扩张，尤其是 20 世纪 80 年代之后，以生产过程不断细化为特征的全球价值链分工迅速发展，并成为全球生产分工的重要形式。在全球价值链分工背景下，一件产品的生产往往是由多个国家参与完成，比如韩国三星就需向全球约 2 500 个供应商进口零部件来完成手机的生产。可以说，全球价值链的快速发展改变了世界经济格局，也改变了国家间、区域间的贸易形式。20 世纪 80 年代，全球国际贸易总量中有 70% 左右是制成品贸易。但是到 2010 年，这个比例下降到 40% 左右，而中间品贸易上升到了 60%；2018 年，中间品贸易所占比重进一步上升至 70% 以上。在这样的背景下，不仅贸易的形式发生了变化，既有的贸易统计方法也不再适应新的贸易形式。基于贸易总值的传统贸易统计方法难以真实反映参与者在全球价值链分工中的价值创造和利益分配。为解决这一问题，基于增加值的新的贸易核算方法应运而生，它能更为真实地反映贸易情况，并得到了贸易领域的学者和政策制定者的广泛认可，例如，世界贸易组织前总干事拉米（2011）就建议使用贸易增加值来衡量世界贸易。省际贸易也存在类似情况。随着我国对外开放程度的提高，我国各省份①逐渐直接或间接地融入全球价值链分工之中，省级贸易②深受全球价值链的影响。且由于区位条件、自然资源禀赋、发展水平等

---

① 本书中省份即代表省级行政区。
② 本书中的省级贸易包括各省的省际贸易与对外贸易；省际贸易包括省际流出和省际流入；对外贸易包括出口和进口；流出等于省际流出加出口，流入等于省际流入加进口。

方面的差异，各省在全球价值链分工中的状况存在不同。因而，有必要从全球价值链视角来研究我国的省级贸易，且首先需要开展省级贸易增加值核算研究。

第二节　省级贸易增加值核算背景

一、全球价值链发展背景与态势

首先，克服时空障碍的交通和通信技术的革新，降低了贸易成本。技术革命是推动经济全球化进程最主要的因素之一。在人类的大部分历史中，交通的速度和效率都非常低，消除距离障碍的成本非常高。随着交通工具的不断创新，尤其是 20 世纪 50 年代之后，商用喷气式飞机和集装箱等的使用，使得交通运输的成本大大降低（见图 1-1）。20 世纪后半叶，通信技术领域的创新取得重大突破，包括卫星通信、光纤技术、电子媒介和互联网的出现成为改变全球经济关系的关键技术，使得不同地点生产单位之间的协调工作变得越来越经济和容易，例如，1973～1993 年，从伦敦到纽约的每 3 分钟国际长途电话的费用实际下降了 90%（Castells，1996；Graham and Marvin，1996）。交通和通信成本的下降，使得生产环节不必再局限于邻近的空间内，某些环节可以被转移到国外，以充分利用各国生产要素成本的优势，从而促进了生产和消费之间的地理分离，以及生产活动的技术分离。

其次，相关制度和政策的制定与改进，降低了贸易成本。（1）1947 年关贸总协定成立以来，连续几轮的谈判以及多边和区域贸易协定的发展迅速降低了关税及其他贸易壁垒。如图 1-2 所示，1948～2016 年，发达国家和发展中国家的平均关税都呈波动式下降，特别是制成品关税的下降以及非关税壁垒的逐步降低，促进了国际货物和服务贸易的发展。（2）新兴经济体融入全球经济，这一方面为世界提供了巨大的产品市场和廉价的劳动力，促使逐利企业向这些国家进行生产布局；另一方面这些新兴经济体实施对外资和外贸的优惠开放政策，同时加强基础设施建设，鼓励"走出去"和"引进来"，为企业向这些国家布局提供了良好的政策支持。例如，中国加入世界贸易组织（WTO），为企业的全球布局提供了巨大的机遇。

最后，跨国公司的发展促进了企业的全球生产布局。随着技术革命以及

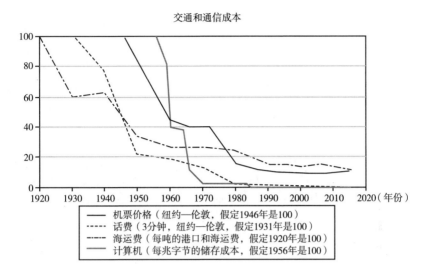

交通和通信成本

机票价格（纽约—伦敦，假定1946年是100）
话费（3分钟，纽约—伦敦，假定1931年是100）
海运费（每吨的港口和海运费，假定1920年是100）
计算机（每兆字节的储存成本，假定1956年是100）

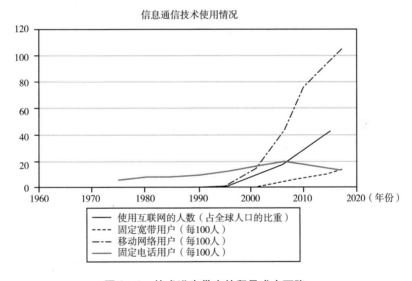

信息通信技术使用情况

使用互联网的人数（占全球人口的比重）
固定宽带用户（每100人）
移动网络用户（每100人）
固定电话用户（每100人）

图1-1 技术进步带来的贸易成本下降

资料来源：World Bank Group. *World Development Report* 2020：*Trading for Development in the Age of Global Value Chains*［R］. 2019.

贸易制度和政策优化带来的交易成本下降，企业开始采取措施进行全球布局来减少交易成本的产生，其中纵向整合被视为有效措施之一。它通过将事后的准租内部化到一体化企业中来预防契约不完全引起的各种履约风险及其产生的交易成本。当纵向整合在多国别维度发生时，就出现了跨国公司。跨国

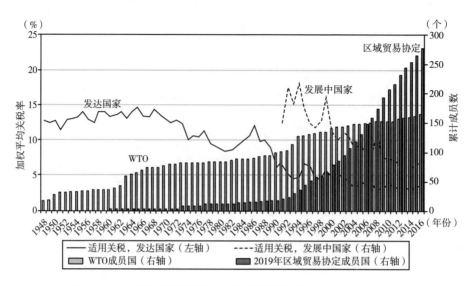

图 1-2 多边和区域贸易协定带来的关税下降（1948～2016 年）

资料来源：World Bank Group. *World Development Report* 2020：*Trading for Development in the Age of Global Value Chains*［R］. 2019.

公司突破传统的国家地理界限，通过离岸外包或者国际直接投资（FDI）等将价值链的各个主要环节在全球进行布局，吸纳全球的优质资源，整合形成高效率的模式，以增强企业的持久竞争力。大批跨国公司的资产、员工、销售额的海外份额比重均超过公司总额的半数，产生了大量重复跨境的中间品贸易，并最终促使全球价值链（global value chains，GVCs）形成。

交通和通信成本的下降、贸易制度与政策的优化以及跨国公司的快速发展，促使全球价值链形成并快速发展。由图 1-3 可见，GVC 贸易在世界贸易总额中所占比重不断上升，1970 年该比重为 37%，到 2010 年之后，该比重上升到 50% 左右。2019 年 1 月，麦肯锡全球研究院发布报告，分析了 43 个国家的 23 个行业价值链，得出它们贡献了全球 96% 的贸易、69% 的产出和 68% 的就业人口（麦肯锡公司，2019）。可见，全球价值链已呈现出快速发展的态势，并对全球经济产生了极为深刻的影响。

二、全球价值链的概念与特征

全球价值链概念首先是 2001 年在洛克菲勒基金会赞助的"全球价值链计

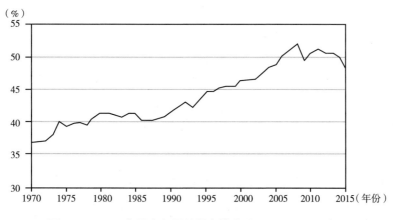

图 1 - 3　GVC 贸易在贸易总额中的比重（1970 ~ 2015 年）

资料来源：World Bank Group. *World Development Report* 2020：*Trading for Development in the Age of Global Value Chains*［R］. 2019.

划"（2002 ~ 2005 年）的讨论中被集体勾勒出来的。随后，在格里芬等人（2005）的研究中被进一步具体化，他们认为价值链描述了公司和员工为将产品从理念转变为最终产品而进行的各种活动，包括研发、设计、生产、营销、分销以及售后等活动，这些活动可以包含在一家公司中，也可以分散在当地或其他国家的不同公司之中。另外也有一些学者对全球价值链概念作了不同的界定。例如，卡普林斯基和莫里斯（2001）将全球价值链定义为生产经营活动中的各项行为，涉及从理念到产品的完整实现过程，包括产品的研发设计、加工制造、生产和财务管理、品牌管理、市场营销和售后服务等。联合国工业发展组织（2002）界定全球价值链为连接商品生产、销售、回收处理等过程的全球性跨国企业网络。这种网络性分工将全球的企业、国家资源在世界范围内调配，从而达成最有效率的生产方式。王直等（2016）提出，价值链是从初始的研发、设计到最终消费的各个生产阶段的增加值创造过程，它可以是国内的、区域的和全球的，如果所有的生产阶段都发生在一国之内，就是国内价值链；如果所有生产阶段发生在不同的国家，该价值链就是区域的或全球的。安特拉斯（2019）指出全球价值链由生产并销售给消费者的产品和服务所涉及的一系列具有增值作用的阶段组成。

全球价值链的概念多种多样，此书中使用世界银行在《2020 年世界发展报告》中的概念，全球价值链是最终消费产品或服务的一系列生产阶段，每个阶段都伴随着价值的增值，且其中至少有两个生产阶段分布于不同国家①。在全球价值链分工下，企业只需专注于某个具体的环节，而不用生产整个产品。如果一个国家、一个部门或一个企业参与了（至少）其中一个生产阶段，就说它参与了全球价值链。

全球价值链与价值链、供应链和产业链的概念之间往往缺乏清晰的界定和区分。本质上，全球价值链、价值链、供应链和产业链都是刻画各分工环节之间关系的名词，但是它们提出的背景及所属学科领域存在差异，尤其是它们刻画的角度或者侧重点不同。在此，对这几个概念加以区分，既是为了进一步理清本书中的全球价值链概念，也为区分这"四链"并找到各链条的发力点提供参考。

（1）全球价值链刻画的是某最终产品或服务在全球范围内布局的各分工环节之间的价值形态关系。它侧重于两点，一是"全球"，即强调生产分工的地理分布广泛性，而广泛性的本质在于打破地理空间的约束性，站在一个全球视野的高度来进行生产布局以实现资源的优化配置和利润最大化。二是"价值"，即强调各分工环节的利益分配关系。因为生产分工的地理分布广泛性，所以传统以贸易总值为基础的贸易统计方法难以反映贸易中的真实利益分配情况，基于增加值的贸易核算方法更有助于理清各分工环节的利益分配情况。

（2）价值链（value chains）一词最早是在企业管理研究领域提出的，主要刻画的是企业内部各分工环节的关系。波特（1985）将价值链塑造为制定公司战略以提升公司竞争力的基本框架，它起初主要关注的是公司如何通过将重点转移到业务活动配置来重整企业战略，通过跨职能协调来内部化潜在的外部性，以确保企业作为一个整体能够达到最佳运作状态。目前有许多学者在企业管理领域之外泛化地使用"价值链"一词，其泛化的概念与全球价值链有很大相似之处，都是在刻画某最终产品或服务的各分工环节之间的价值形态关系。但是，全球价值链还强调生产分工的地理分布广泛性，而价值链并不强调这一点。

（3）供应链（supply chains）刻画的是满足某产品生产的所有后端供应环节（或中间投入品）之间的关系，既包括有形投入的供应环节（如零部

① A global value chain is the series of stages in the production of a product or service for sale to consumers, and at least two stages are in different countries.

件、工厂、仓库和卡车），也包括无形投入的供应环节（如产品设计组织、预测流程和库存跟踪系统）。供应链的主体是企业，任何企业都有自己的供应链，为自己提供原材料、零部件等，以保障产品生产的顺利完成。一旦供应链中断，则会造成其下游企业无法正常生产。

（4）产业链（industry chains）是产业经济学的概念，刻画的是具有一定技术经济关联的各个产业部门之间的关系。相对全球价值链、价值链和供应链，产业链是一个相对宏观的概念，甚至在一定程度上可以说，产业链是全球价值链、价值链和供应链的基础，而全球价值链、价值链和供应链是研究产业链的不同视角。产业链的主体为区域或国家，其发展直接关乎区域或国家的发展，其完备性对一国经济社会的稳定与安全具有重要意义。

三、基于增加值的贸易核算方法的出现

全球价值链具有以下两个特征。一是垂直专业化分工。全球价值链打破了传统的产品生产过程，使得不同的生产环节可以在不同国家进行。例如，很多顶级品牌的智能电视和手机都是在美国和日本进行设计，而其精密的组件如半导体和处理器却是在韩国或者中国台湾进行生产，在中国大陆进行组装，并在欧洲、美国进行销售并接受售后服务。二是中间品贸易飞速发展，成为国际贸易的主流。20 世纪 80 年代，全球的国际贸易总量中 70% 左右是制成品贸易；但到 2010 年，这个比例下降到 40% 左右，而中间品贸易占到了 60%；2018 年，中间品贸易所占比重进一步升至 70% 以上（黄奇帆，2019）。中间产品跨越多个国界的现象越来越普遍，很多产品的价值来源实际上涉及很多国家（或地区）和企业，而不是传统贸易统计下仅由最终出口该产品的国家（或地区）和企业所有（王直等，2015）。

在全球价值链分工背景下，贸易的本质发生了变化，使得以贸易总值为基础的传统贸易统计方法难以反映贸易利益分配等情况。这种现象最初在基于产品视角的增加值研究中被发现，如芭比娃娃（Tempest，1996）、iPad（Varian，2007）、飞机（Grossman and Rossi，2008）、iphone（Meng and Miroudot，2011）等。国家层面的研究也进一步证明全球价值链分工背景下用传统贸易统计方法反映贸易利益分配等的不合适，如芬斯特拉等（1999）对中美贸易差额的经验研究表明，海关统计将加工贸易产品的价值全部计入中国

对美国出口额，夸大了中美贸易顺差额；约翰逊和诺格拉（2012）在对中美贸易不平衡的测算中也发现用价值增值方法计算显示的结果比用传统方法计算得出的结果下降 30% ~ 40%；李昕和徐滇庆（2013）通过举例进行详细的数学推导，清晰地分析了两种统计法的差异，并计算得出传统方法高估了中国等加工贸易较普遍的国家在全球价值链中的贸易顺差。

因此，学者们提出了基于增加值的贸易核算方法来尝试解决这一问题。该方法大致分为两类：一是微观产品的贸易核算方法。二是基于投入产出表的贸易核算方法，它被广泛地用于产业层面、区域层面和国家层面的贸易增加值核算，具体而言，它又包含多种方法。如胡梅尔斯等（2001）的 HIY 法、多丹等（2001）的 DRS 法、刘遵义和陈锡康等（2007）的非竞争型投入占用产出法、库普曼等（2010）的 KPWW 法、约翰逊和诺格拉（2012）的 JN 法、库普曼等（2014）的 KWW 法、王直等（2015）的 WWZ 法。将在下一节对它们加以介绍和区分。

四、全球价值链对中国省级贸易的影响

全球价值链深刻地影响着我国国内各省份的国际贸易和省际贸易。改革开放以来，我国尤其是东部沿海地区充分利用成本优势和政策优惠，通过积极融入全球价值链，逐渐形成了巨大的生产和出口能力。尤其是加入 WTO 之后，中国经济与全球经济的融合更加深入，也更加全面。目前，我国贸易量已经占到了世界的 1/3。在中间品贸易占主导的当今世界中，我国已经成为中间品贸易的中心之一（见图 1-4）。我国地域辽阔，各省份之间的区位条件和自然资源禀赋等存在较大的差异，这也决定着不同省份在参与国际分工时，面对的国际市场和在产业链中所处的位置存在较大的差异。从参与全球价值链的方式来看，有的是直接参与者，有的是间接参与者。对于东部沿海的省份而言，它们更多是直接通过出口和进口参与全球价值链分工；对于内陆省份则更多是通过为沿海省份提供能源、原材料和初级产品等来间接参与全球价值链分工。无论是哪种方式，都在价值创造方面表现为对全球价值链的依赖。因此，全球价值链分工既深刻地影响着我国各省份的国际贸易，也影响着我国国内的省际贸易，使得我国各省份之间的贸易往来也日益密切。

1995年

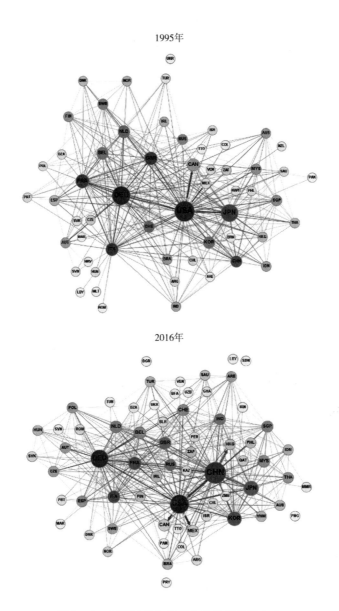

2016年

图1-4　中国已成为全球中间品贸易的中心

资料来源：World Bank Group. *World Development Report* 2020：*Trading for Development in the Age of Global Value Chains*［R］. 2019.

注：连接线表示各节点（国家）之间最大的中间品贸易流。被连接最多的国家为中央节点（或者称为"树根"），是多个国家的主要贸易伙伴，有别于外围国家（或者说是"树叶"）。节点的大小则表明一个国家在贸易网络的"中心化"地位，彼此联系紧密的国家聚集在一起。

改革开放以来，我国省际间经济联系不断加强，省际贸易快速增长。我国幅员辽阔，省份间在要素禀赋等多方面存在明显差异，具有开展省际贸易的良好土壤。1978 年以来，随着我国逐步深化经济体制改革，尤其是党的十八届三中全会明确市场在资源配置中起决定性作用之后，国内市场一体化水平快速提升，省际贸易往来等经济联系日益紧密。随着基础设施的不断完善，省际物理连通性大幅增强。例如，我国铁路交通行业快速发展，2019 年，我国铁路网密度达到 145.5 公里/万平方公里，铁路营业里程 13.9 万公里以上，其中高速铁路 3.5 万公里，大大提升了省际交通可达性，促进了贸易往来。另外，随着信息通信技术的发展，省际信息连通性更是快速提升。这些为省际贸易的发展和省际分工的深化创造了良好的条件。由图 1-5 可见，我国省际贸易总额由 1997 年的 8.18 万亿元上升到 2012 年的 78.09 万亿元，15 年增加了近 9 倍[①]。从省际贸易依存度来看，相对 1997 年，2012 年 30 个省（区市）的省际贸易依存度均值提升了近 30 个百分点，各省份之间的经贸联系不断加强，价值链分工更加深化。2013 年之后，"一带一路"建设、京津冀协同发展、长江经济带发展成效显著，我国省际间经济联系进一步加强，省际贸易快速增长。

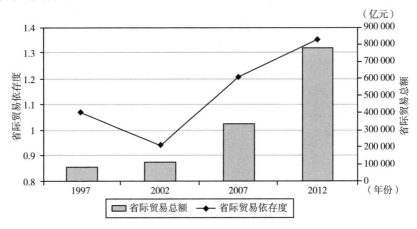

图 1-5　全国省际贸易变化趋势

资料来源：李善同、董礼华、何建武：《2012 年中国地区扩展投入产出表：编表与应用》，经济科学出版社 2018 年版。

---

① 这里的增速未剔除价格因素。

因此，在这样的背景下，研究某省份的贸易需考虑其他国家以及国内其他省份对该省份的影响，要从国内价值链和全球价值链的视角出发，来分析各省份的贸易情况。各省份的贸易既能间接地为其他国家以及国内其他省份创造贸易利益，同时，其他国家以及国内其他省份的贸易也会间接地给该省份带来贸易利益。以贸易总值为基础的传统贸易统计方法已难以准确地反映我国国内各省份贸易的实际情况，基于增加值的贸易核算方法更能反映贸易的实际情况。然而，目前我国各省份贸易增加值核算研究尚缺乏有效进展，究竟各省份贸易增加值情况如何，它呈现哪些特征，各省份在价值链分工中扮演什么角色，各省份参与价值链分工受到哪些因素影响，又产生了哪些影响，这些都是值得研究的重要问题。尽管有学者已经基于KWW法和WWZ法等对国内区域层面贸易增加值进行了核算，如苏庆义（2016）将KWW法引申到国家内部地区层面，建立了分解一国内部地区出口增加值的框架。李跟强和潘文卿（2016）从增加值流转的视角，基于中国区域间投入产出表对国内各区域之间的贸易进行了增加值分解。但这些研究所使用的数据，要么未将省际投入产出表内嵌到全球投入产出表，要么选用的是非省际投入产出表内嵌到全球投入产出表，要么数据的最近年份只到2007年。

鉴于此，本书试图拓展王直等人提出的增加值贸易核算法（WWZ法），利用2012~2017年的数据，重点对我国各省份贸易增加值进行核算，分析我国各省份贸易增加值的特征和变化规律，并运用所核算的数据来探究一些重要问题，包括高出口省内增加值率能否作为政策目标、出口省内增加值率的影响因素、各省份出口显性比较优势、各省份出口产生的社会和环境效应以及美国加征关税对我国区域经济的影响等。

本书的研究具有重要理论和现实意义。从理论上而言，一是将极大地丰富全球价值链研究内容。全球价值链作为研究全球化问题的一个新视角，近些年来备受关注。通过对代表性文献的梳理可以发现，现有研究更多的是对国家层面的研究，而对国内省份层面的研究较少。然而对于省份差异明显的大国而言，一国不同省份在全球价值链和国内价值链中的位置和发挥的作用可能存在显著的差别。以中国为例，由于省份发展水平和地区优势各异，一些省份承担了该国大部分的进口和出口（如沿海港口地区），但是该省份产品生产的主要原材料和半成品可能来自国内其他内陆省份。从而内陆省份可能通过提供中间产品而间接出口，在全球价值链中发挥着作用。因此，在全球价值链视角下深入研究我国各省份在全球价值链中的分工情况，将极大地丰富全球价值链研究内容，具有重要理论意义。

二是国内省级贸易增加值的量化分析方法研究在丰富全球价值链研究内容的同时，将为相关研究提供方法参考。现有为数不多的国内省份层面的研究中，极少对国内各省份参与全球价值链分工的量化分析方法进行系统研究。本书从量化分析方法入手，对中国国内不同省份的出口和省外流出的价值来源进行分解，且应用分解的数据探讨一些省份发展的重要问题，无疑将丰富全球价值链研究，并为基于省级贸易增加值的相关研究提供方法参考。

其现实意义包括：

第一，还原我国各省份贸易的真实情况，为制定合理有效的贸易政策提供科学支撑。在全球价值链的背景下，以贸易总值为基础的传统贸易统计方法难以准确反映贸易的实际情况，容易导致重复计算。因此，若仍以传统贸易统计方法来核算我国各省份贸易，将难以反映其真实情况。所以本书通过基于增加值的贸易核算方法来核算各省份贸易增加值，有助于还原其贸易真实情况，也为贸易高质量发展等提供一定的参考，为制定合理有效的贸易政策提供科学支撑。

第二，估算出了连续年份的省级贸易增加值数据。省级贸易增加值测算需基于国家统计局间隔五年编制一次的省级投入产出表，且为逢2、逢7年度编制，这些年份具有核算省级贸易增加值的数据基础。但是，对于其他年份，由于缺乏行业之间生产联系和增加值数据以及省际之间国内贸易额数据，往往只能采用简化假设的办法推算各省份出口的增加值。本研究的一个重要意义在于，以最新年份（2012年）的中国省际投入产出表为基准年表，借用其中间投入结构与增加值系数，利用更新年份的海关贸易数据，对更新年份的省级贸易增加值进行估算，增强了数据的时效性和现实意义。

第三，为更好地发挥大国优势，推动中国经济高质量发展提供科学支撑。在多方面因素的共同作用下，中国对外贸易受到较大冲击。一是随着中国劳动力、土地等要素成本持续上升，中国出口价格优势削弱；二是自2007年爆发全球金融危机以来，全球经济一直处于艰难的复苏过程之中，尤其是近年来的逆全球化思潮抬头，全球贸易增长乏力；三是2018年3月美国以贸易逆差为由，挑起中美贸易摩擦与争端，自此美国对华经贸摩擦不断升级。因此，我国经济已经由高速发展阶段向高质量发展阶段转变，如何更好地发挥中国的大国优势，尤其是国内市场的广阔空间，构建更加高效的产业分工格局，对推动中国经济高质量发展具有重要意义。本书从全球价值链视角来研究中国省级贸易增加值及其影响因素和产生的影响，将为制定发挥大国优势，优化区域产业分工格局，推动中国经济高质量发展的政策提供科学支撑。

第四，为促进区域合理分工和区域协调发展提供科学支撑。通过系统研究全球价值链背景下我国各省份参与价值链分工的状况，剖析中国各省份的贸易增加值，探究各省份在国内价值链和全球价值链中扮演的角色等，不仅有助于厘清我国内部不同地区之间的生产联系，更将为制定促进区域协调发展和产业升级的政策提供科学支撑。

第三节　贸易增加值核算方法综述

基于投入产出表的贸易核算方法被广泛地用于产业层面、区域层面和国家层面的贸易增加值核算，具体而言，这一方法体系又包含多种具体的核算方法。

一、HIY法

胡梅尔斯、石井和易（Hummels Ishii and Yi，2001）[1]（简称HIY法）最早使用投入产出分析对GVC进行测度和分析，他们提出了"垂直专业化指数"（vertical specialization，VS），在将一国出口总值分解为国外增加值和国内增加值之后，通过衡量一国出口中国外增加值所占的比重，用以反映该国参与国际分工的水平，此种方法即HIY法。这一方法为增加值贸易核算奠定

---

[1] Hummels, D., Ishii J and Yi K M., 2001. "The Nature and Growth of Vertical Specialization in World Trade". Journal of International Economics, 54 (1): 75-96.

了基础，被许多研究所使用。例如，平新乔（2005）就是使用 HIY 方法考察了我国 1992 ~ 2003 年对美国出口贸易中的"来料加工"程度，测算出我国对美国出口中的垂直专业化率为 22.9%；北京大学中国经济研究中心课题组（2006）对中国出口贸易中的垂直专业化水平进行测算，得到中国 2003 年的出口 VS 指数为 21.8%。

虽然 HIY 方法可用于分析一国在垂直一体化生产网络中的地位，但使用标准 HIY 法测算出口的国内增加值需要两个关键假设。一是对于以出口为目及以满足国内最终需求为目的的货物生产，其进口投入的程度必须是相等的；二是所有的进口中间投入，必须 100% 是国外增加值，即进口中间品的价值全部来源于国外。前者假设不适用于以加工贸易出口为主的发展中国家，忽略了加工贸易和一般贸易在进口中间品投入比例上的差异；后者假设不适用于通过第三方转口，且进口中包含极大自身增加值份额的发达国家，难以适应国际生产网络中折返贸易和转移贸易越来越多的现实。由于 HIY 方法存在局限性，因而众多学者在胡梅尔斯等（2001）的基础上，对垂直专业化程度的测算方法进行了改进。

二、DRS 法

为解决 HIY 法的不足，多丹、里夫拉尔和施魏斯古特（Daudin，Rifflart and Schweisguth，2001）[①]（简称 DRS 法）提出测算进口品中包含经过国外加工又返还国外的国内增加值，即出口品中折返的国内增加值份额，他们较早地采用国际投入产出模型测算了最终产品生产所带来的增加值分配。且利用国家间投入产出表研究了贸易增加值问题，并将一国出口中被其他国家用作中间品以生产最终品（该最终品返回国内）的部分定义为 VS_1*。

三、非竞争型投入占用产出法

刘遵义和陈锡康等（2007）证明 VS 和出口中的国内增加值之和等于出口总值，即出口总价值由国内价值（国内增加值）和进口品中的国外价值

---

① Daudin, G., R. Christine and S. Danielle, 2001. "Who Produces for Whom in the World Economy?" Canadian Journal of Economics, (4): 1403 – 1437.

（VS）组成。尤为特别的是，他们充分考虑我国加工贸易的特点，构建了符合我国国情的非竞争型投入占用产出模型，并编制了 2002 年中美两国的非竞争（进口）型投入占用产出表，测算和分析了中美两国出口对各自国内增加值和就业的影响。祝坤福和陈锡康等（2013）延续以上思路，对我国 2002 年和 2007 年出口的国内增加值及其在 GDP 中的占比进行了测算。他们研究发现，2002～2007 年中国出口的国内增加值增长主要是依靠总出口规模的扩大。随着中国出口增速的下滑，今后中国出口对国内经济拉动作用将更多地依赖于国内增加值率的提升。此外，基于投入占用产出模型，沈利生（2003）、祝坤福等（2007）、张芳（2011）等研究了中国出口的国内增加值；穆智蕊和杨翠红（2009）研究了中日贸易对双方的国内增加值问题；段玉婉和蒋雪梅（2012）研究了中欧贸易的增加值问题。

四、KPWW 法

库普曼、鲍尔斯、王直和魏尚进（Koopman, Powers, Wang and Wei, 2010）（简称 KPWW）[①] 在汲取 HIY 法及 DRS 方法的基础上，进一步将国内增加值分解为最终产品出口、由直接进口国吸收的中间品出口、被转口到第三国的中间品出口以及返销本国的中间品出口，提出将国民账户核算体系中的增加值统计法与传统通关统计法即含不同生产链中间投入品贸易的总值统计法（gross value）进行整合，通过构建全球多部门投入产出数据库，将国内增加值统计从单一国家拓展至区域乃至全球，全方位地对一国贸易中的国内与国外增加值进行估算。李昕（2012）利用该方法比较了传统贸易核算方法与增加值贸易核算方法对中国贸易规模统计的影响，研究表明：利用增加值贸易核算方法计算得到的贸易总额和贸易顺差规模均显著少于利用传统贸易核算方法的计算结果；李昕和徐滇庆（2013）运用此方法研究外贸依存度问题得出，2007 年我国的外贸依存度从传统统计法的 68.02% 缩小到 31.59%，核算结果较为明显；黎峰（2014）借鉴此方法研究了贸易问题，对中国出口实现的属地贸易收益、属权贸易收益、外国属地贸易收益和进口实现的增值

---

① Koopman, R., W. Powers, Z. Wang and S. J. Wei, 2011. "Give Credit Where Credit Is Due: Tracing Value-added in Global Production Chains". NBER Working Paper, No. 16426, 1 – 19.

折返及外国属地贸易收益进行了分解，他的研究发现，虽然按照传统贸易核算方法来看，我国是世界最大的出口国，但是其中很大一部分是属于外国的收益。

五、JN法

约翰逊和诺格拉（Johnson and Noguera，2012）则在多丹等人的基础上完善了增加值出口（value – added exports）的概念，并基于国际投入产出模型来核算增加值（简称 JN 法）。JN 法成为众多学者研究中国参与分工对外依存度要素流向的首要方法，通过中国增加值贸易测算可以扭转中国外贸失衡问题（程大中，2014）；陈雯、李强（2014）借鉴 JN 法，计算 1995～2011 年进出口增加值，并与传统贸易统计方法的进出口额进行比较，得出在增加值贸易核算方法下，我国货物与服务贸易的进出口规模大幅缩水；胡昭玲、张咏华（2015）基于此方法重新评估中国制造业出口的规模和结构，研究表明，国际垂直专业化分工夸大了中国制造业的出口规模，高估了出口结构的高技术特征。

六、KWW法

库普曼等（Koopman etc.，2014）[1]（简称 KWW）进一步提出了统一的总出口核算框架。这个核算框架可以将一国的总出口分解为各种不同来源的增加值部分以及被重复计算（double counting）的部分。通过明确官方贸易统计数据中哪些部分被重复计算以及这些被重复计算部分的来源，就可以将以贸易总额（gross trade value）表示的贸易统计数据和以增加值（value added）表示的国民核算账户统计统一起来。该方法解决了长期以来贸易统计数据和国民核算体系（national accounting system）数据无法匹配的公认难题，同时还在现有海关贸易数据收集方式前提下，弥补了现有官方贸易统计中遗漏的信息。张建清、郑雨楠（2015）基于此方法对中美、中韩以及中国对外贸易状况分别进行重估，结果表明：总值法扭曲了中国贸易状况，总值法对中美、

---

① Koopman, R., Z. Wang and S. J. Wei, 2014. "Tracing Value-added and Double Counting in Gross Exports". The American Economic Review, 104（2）：459 – 494.

中韩的真实贸易净额年均高估程度分别达到 250% 和 31%；张忠杰（2017）基于此方法系统核算了中国 1995～2011 年的增加值贸易情况，得出：1995～2011 年，中国的进口增加值和出口增加值均呈现增加的态势，中国的增加值贸易存在顺差，但增加值贸易顺差低于传统贸易顺差的规模。

七、WWZ 法

王直、魏尚进和祝坤福（2015）（简称 WWZ）认为 KWW 方法只能分解一国总出口，不能反映不同出口品在进行各种增加值和重复计算分解时的异质性，因此对 KWW 法进行扩展，提出适用于多个层面的总贸易流量分解法。把各层面的国际贸易流都分解为增加值出口、返回的国内增加值、国外增加值和纯重复计算的中间品贸易等组成部分，并根据贸易品的价值来源、最终吸收地和吸收渠道的不同，区分为 16 种不同路径，从而在传统国际贸易统计与国民经济核算体系之间建立一个系统性的对应框架。这一新的核算体系揭示了国际贸易研究中广泛使用的指标，如贸易平衡、垂直专业化、增加值出口和显性比较优势等在方法上的局限，进而对这些指标做了重新诠释。尹伟华（2016）利用 WWZ 法按出口产品的最终吸收地及吸收渠道的不同，对中国制造业的全球价值链进行分解，得出 1995～2011 年中国制造业出口中国内增加值的比例呈下降趋势，以及中国制造业正向全球价值链的中上游攀升等结论。

可见，关于增加值核算或分解的方法众多，本书选择适用于多个层面的贸易增加值核算法——WWZ 法作为基础，对之进行拓展，以适用于省级贸易增加值的核算。

第四节 本章小结

在交通和通信技术进步、贸易壁垒降低以及跨国公司快速发展的背景下，全球价值链逐步形成并扩张，尤其是 20 世纪 80 年代之后，以生产过程不断细化为特征的全球价值链分工迅速发展，并成为全球生产分工的重要形式。在这样的背景下，不仅贸易的形式发生了变化，既有贸易统计方法也不再适应新的贸易形式。基于贸易总值的传统贸易统计方法难以真实反映参与者在全球价值链分工中的价值创造和利益分配。为解决这一问题，基于增加值的贸易核算方法应运而生，它能更为真实地反映贸易情况。随着我国对外开放程度的提高，我国各省份逐渐直接或间接地融入全球价值链分工之中，省级贸易深受全球价值链的影响。且由于区位条件、自然资源禀赋、发展水平等方面的差异，各省份在全球价值链分工中的状况存在不同。因而，有必要从全球价值链视角来研究我国的省级贸易，且首先需开展省级贸易增加值核算研究。本书旨在核算中国省级贸易增加值，并应用核算结果对一些重点和热点问题进行研究，为相关研究和政策的制定提供参考。

（执笔人：张红梅）

| 第二章 |

省级贸易增加值核算

本章分为三节内容,第一节介绍基于 WWZ 法的省级贸易(包括省级出口和省际流出)增加值核算方法,即基于内嵌中国国内省际投入产出表的全球投入产出表的拓展 WWZ 法,该方法适用于具有省级投入产出表的年份,本书使用它来核算 2012 年的省级贸易增加值。第二节为年度省级贸易增加值核算方法,该方法适用于没有省级投入产出表的年份,本书使用它来核算 2013~2017 年的省级贸易增加值核算。第三节为 2012~2017 年省级贸易增加值核算的数据结果。

第一节　基于 WWZ 法的省级贸易增加值核算方法

本节介绍基于 WWZ 法的省级贸易增加值核算方法,即基于内嵌中国国内省际投入产出表的全球投入产出表的拓展 WWZ 法。王直等(2015)① 提出的 WWZ 法适用于国家部门层面的增加值核算,这里对其进行拓展,以适用于我国各省的省级贸易增加值核算。

一、数据基础

基于拓展的 WWZ 法核算省级贸易增加值最重要的数据基础为内嵌中国国内省际投入产出表的全球投入产出表。图 2-1 给出了内嵌中国国内省际投入产出表的全球投入产出表(以下简称"内嵌表")的构建方式及表式。该表将包含中国 31 个省区市(不包含港、澳、台在内的)的多区域投

---

① 王直、魏尚进、祝坤福:《总贸易核算法:官方贸易统计与全球价值链的度量》,载于《中国社会科学》2015 年第 5 期。

入产出表嫁接到包含中国及其他国家和地区的全球投入产出表，将我国31个省（区市）和国外其他国家和地区都视为单独的区域。由此得到的全球投入产出表不仅包含国内各省份之间的经济联系、其他国家和地区之间的经济联系，还包含国内不同的省份与国外不同的国家和地区之间的经济联系。

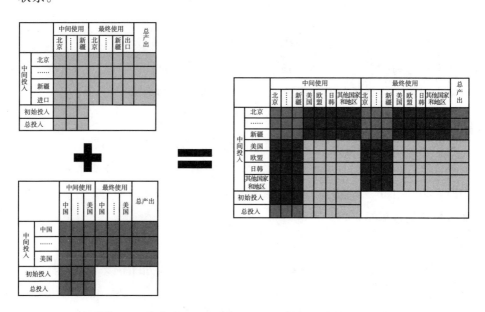

图 2-1　内嵌中国国内省际投入产出表的全球投入产出表

编制内嵌表需用到三套数据：其一，由国务院发展研究中心编制的2012年中国国内省际投入产出表（李善同等，2018），该表的编制基于国家统计局每间隔五年编制一次的我国31个省（区市）的投入产出表，按照"自下而上"的编制准则得到。截止到本书成稿之日，国家统计局最新发布的是2012年各省份投入产出表，因而本书所运用的2012年的内嵌表是已有数据基础上最新年份的表。当然，在编制内嵌表之前，需要对该表进行统一数值单位的处理，具体地，利用汇率数据将2012年中国国内省际投入产出表中所有数值单位均统一为百万美元；其二，世界投入产出数据库（WIOD，2016年版本）公布的2012年世界投入产出表WIOT 2012，该表包含了全球 43 个国家及其他地区（Dietzenbacher et al.，2013[①]；Timmer et al.，2015[②]）；其三，我国各省份分部门，区分来源地、目的地的进出口数据。

在表的编制中，考虑到研究的需要，我们先将全球投入产出表中的 43 个区域合并成 5 个国家和地区，即中国、美国、欧盟、日韩（包括日本和韩国）及世界其他国家和地区。那么，将国内的省份和国际上的国家（地区）都看成是单独的区域，编制得到的内嵌表共包含 35 个区域，即中国 31 个省（区市）以及上述 4 个国家和地区。此外，为确保中国国内省际投入产出表与全球投入产出表部门划分的一致性，参考谌文等（2018）[③] 的方法，将原始表合并得到 14 部门（见表 2 - 1）。对内嵌表结构与形式进行初步的界定后，接下来，构建内嵌中国国内省际投入产出表的全球投入产出表的核心在于将中国国内省际投入产出表内嵌入世界投入产出表。这一内嵌是以初始的全球投入产出表作为控制数来调整国内多区域投入产出表，使得国内多区域投入产出表中的行业总产出和进出口等与全球投入产出表中的中国数据相一致。首先，根据联合国统计司定义的 BEC 分类（classification by broad economic categories）标准，将海关统计的省级货物贸易数据分为中间产品和最终产品贸易；其次，计算得到各省份 14 部门按来源地、目的地划分的中间产品和最终产品进口、出口数据，以得到的各省份分部门区分来源地、目的地的进出口数据为结构，并以 WIOT 2012 表中对应的我国进出口数据总量为控制数进行调整，得到各省份按来源地、目的地划分的中间产品和最终产品进口、出口初始值。由于缺乏省级服务贸易统计数据，借助省级货物贸易统计数据的结构估算服务贸易初始值，其隐含假设：如果某一特定省份和特定国家或地区之间发生的货物贸易体量较大，那么在这两个经济体之间更倾向于

① Dietzenbacher, E., Los, B., Stehrer, R., Timmer, M. P., & de Vries, G., 2013. The construction of world input – output tables in the WIOD project. Economic Systems Research, 25, 71 – 98.

② Timmer, M. P., Dietzenbacher, E., Los, B., Stehrer, R., & de Vries, G. J., 2015. An illustrated user guide to the world input – output database: The case of global automotive production. Review of International Economics, 23, 575 – 605.

③ Chen, W., Los, B., McCann, P., Ortega-Argilés, R., Thissen, M., & van Oort, F., 2018. The continental divide? Economic exposure to Brexit in regions and countries on both sides of The Channel. Papers in Regional Science, 97, 25 – 54.

发生更多的服务贸易。由此，得到内嵌表的初始值，但是该初始表未能满足投入产出表的平衡条件。接下来使用交叉熵模型对得到的初始表进行平衡，具体地，在控制总值约束下使行、列、各省份与其他国家和地区、省际间以及部门间等关系平衡的同时，满足该内嵌表初始表信息与最终平衡的内嵌表信息之间的熵距离最小化。更为详细的编制方法参见孟渤和亚马诺（Meng & Yamano，2017）[①]。

表 2 - 1	部门分类
部门	含义
1	农业
2	采掘业
3	食品
4	纺织服装
5	石油炼焦产品和核燃料加工品及化学产品
6	建材
7	金属冶炼及制品业
8	设备制造业
9	电气电子及仪表
10	其他制造业
11	电力、热力、燃气、水的生产和供应
12	建筑业
13	生产性服务业
14	其他服务业

二、核算方法

WWZ 法将一个国家对另一个国家的出口分解成四部分（被国外吸收的国内增加值、返回并被本国吸收的国内增加值、国外增加值和纯重复计算部

[①] Meng, B., & Yamano, N., 2017. Compilation of a regionally extended inter – country input – output table and its application to global value chain analysis. Journal of Economic Structures, 6, 23.

分），共 16 项。具体如下：

$$E^{sr} = A^{sr} X^r + Y^{sr}$$

$$= (V^s B^{ss})' \# Y^{sr} \tag{1}$$

$$+ (V^s L^{ss})' \# (A^{sr} B^{rr} Y^{rr}) \tag{2}$$

$$+ (V^s L^{ss})' \# (A^{sr} B^{rr} Y^{tt}) \tag{3}$$

$$+ (V^s L^{ss})' \# (A^{sr} B^{rr} Y^{rt}) \tag{4}$$

$$+ (V^s L^{ss})' \# (A^{sr} B^{rt} Y^{tr}) \tag{5}$$

$$+ (V^s L^{ss})' \# (A^{sr} B^{rr} Y^{rs}) \tag{6}$$

$$+ (V^s L^{ss})' \# (A^{sr} B^{rt} Y^{ts}) \tag{7}$$

$$+ (V^s L^{ss})' \# (A^{sr} B^{rs} Y^{ss}) \tag{8}$$

$$+ (V^s L^{ss})' \# [A^{sr} B^{rs} (Y^{sr} + Y^{sl})] \tag{9}$$

$$+ (V^s B^{ss} - V^s L^{ss})' \# (A^{sr} X^r) \tag{10}$$

$$+ (V^r B^{rs})' \# Y^{sr} \tag{11}$$

$$+ (V^r B^{rs})' \# (A^{sr} L^{rr} Y^{rr}) \tag{12}$$

$$+ (V^r B^{rs})' \# (A^{sr} L^{rr} E^r) \tag{13}$$

$$+ (V^t B^{ts})' \# Y^{sr} \tag{14}$$

$$+ (V^t B^{ts})' \# (A^{sr} L^{rr} Y^{rr}) \tag{15}$$

$$+ (V^t B^{ts})' \# (A^{sr} L^{rr} E^r) \tag{16}$$

其中，E^{sr} 代表 s 国向 r 国的出口；V 表示增加值系数行向量；A 和 B 分别表示投入系数矩阵和里昂惕夫逆矩阵；L 表示单国的里昂惕夫逆矩阵；Y 为最终使用列向量；X 为总产出列向量；E^r 表示 r 国总出口列向量。

在把中国作为整体时，贸易对象涉及的第三方只可能是国外的国家和地区。而在以省份作为研究主体时，贸易对象涉及的第三方既可能是国外的国家和地区，也可能是国内其他省份。因此，我们将 WWZ 方法中的贸易对象和贸易第三方区分为国内的贸易对象和第三方以及国外的贸易对象和第三方，在此区分的基础上可以将 WWZ 法分解出来的 16 项进一步拓展成 20 项：对（11）和（12）根据贸易对象区分为国内其他省份增加值和国外增加值；对（14）和（15）依据第三方区分为国内其他省份增加值和国外增加值。具体分解项如下：

$$E^{sr} = (V^s B^{ss})' \# Y^{sr} \qquad (1)$$
$$+ (V^s L^{ss})' \# (A^{sr} B^{rr} Y^{rr}) \qquad (2)$$
$$+ (V^s L^{ss})' \# (A^{sr} B^{rt} Y^{tt}) \qquad (3)$$
$$+ (V^s L^{ss})' \# (A^{sr} B^{rr} Y^{rt}) \qquad (4)$$
$$+ (V^s L^{ss})' \# (A^{sr} B^{rt} Y^{tr}) \qquad (5)$$
$$+ (V^s L^{ss})' \# (A^{sr} B^{rr} Y^{rs}) \qquad (6)$$
$$+ (V^s L^{ss})' \# (A^{sr} B^{rt} Y^{ts}) \qquad (7)$$
$$+ (V^s L^{ss})' \# (A^{sr} B^{rs} Y^{ss}) \qquad (8)$$
$$+ (V^s L^{ss})' \# [A^{sr} B^{rs} (Y^{sr} + Y^{st})] \qquad (9)$$
$$+ (V^s B^{ss} - V^s L^{ss})' \# (A^{sr} X^r) \qquad (10)$$
$$+ (V^r B^{rs})' \# Y^{sr} \qquad (11\_a)\text{ 如果 r 代表国内其他地区}$$
$$+ (V^r B^{rs})' \# Y^{sr} \qquad (11\_b)\text{ 如果 r 代表其他国家}$$
$$+ (V^r B^{rs})' \# (A^{sr} L^{rr} Y^{rr}) \qquad (12\_a)\text{ 如果 r 代表国内其他地区}$$
$$+ (V^r B^{rs})' \# (A^{sr} L^{rr} Y^{rr}) \qquad (12\_b)\text{ 如果 r 代表其他国家}$$
$$+ (V^r B^{rs})' \# (A^{sr} L^{rr} E^r) \qquad (13)$$
$$+ \left(\sum_{t \in D} V^t B^{ts}\right)' \# Y^{sr} \qquad (14\_a)\text{ 其中 D 代表国内其他地区集合}$$
$$+ \left(\sum_{t \in F} V^t B^{ts}\right)' \# Y^{sr} \qquad (14\_b)\text{ 其中 F 代表国内其他国家的集合}$$
$$+ \left(\sum_{t \in D} V^t B^{ts}\right)' \# (A^{sr} L^{rr} Y^{rr}) \qquad (15\_a)\text{ 其中 D 代表国内其他地区集合}$$
$$+ \left(\sum_{t \in F} V^t B^{ts}\right)' \# (A^{sr} L^{rr} Y^{rr}) \qquad (15\_b)\text{ 其中 F 代表国外其他国家的集合}$$
$$+ (V^t B^{ts})' \# (A^{sr} L^{rr} E^r) \qquad (16)$$

需要特别指出的是这里的 E^{sr} 不仅可以表示某一省份对其他国家和地区的出口，也可以表示国内某一省份对国内其他省份的省际流出。另外，（11_a）（11_b）（12_a）（12_b）四项不会同时出现在分解公式中。当对国内某一省份对其他国家的出口进行分解时，分解公式中只会出现（11_b）和（12_b）；当对国内某一省份对国内其他省份的省际流出进行分解时，分解公式中只会出现（11_a）和（12_a），见图 2-2。

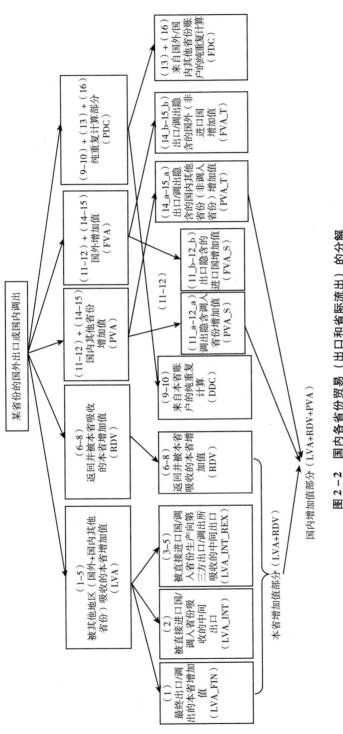

图 2－2　国内各省份贸易（出口和省际流出）的分解

注：本省代表省级行政区。

资料来源：改自王直、魏尚进、祝坤福（2015）。①

_____

① 王直、魏尚进、祝坤福：《总贸易核算法：官方贸易统计与全球价值链的度量》，载于《中国社会科学》2015 年第 9 期。

基于以上拓展的 WWZ 法可以将我国各省份贸易（包括出口和省际流出）分解成四个部分，即本省的增加值部分、国内其他省份增加值、国外增加值和重复计算部分（见图 2-1）。将出口额中本省创造的增加值所占比重称为出口省内增加值率（$PVAR_E$）[1]，同理得出口的其他省份增加值率（$EVAR_E$）、国外增加值率（$FVAR_E$），其计算公式如下（其中，E 表示出口总额，其他各指标含义见图 2-1 所示）：

$$各省份出口省内增加值率：PVAR_E = \frac{LVA + RDV}{E}$$

$$各省份出口其他省份增加值率：EVAR_E = \frac{PVA}{E}$$

$$各省份出口国外增加值率：FVAR_E = \frac{FVA\_S}{E}$$

同样地，可以将我国省际流出分解成四个部分，即本省的增加值部分、国内其他省份增加值、国外增加值和重复计算部分。类似地，把省际流出中本省创造的增加值所占比重定义为省际流出的省内增加值率（$PVAR_T$），同理得省际流出的其他省份增加值率（$EVAR_T$）、国外增加值率（$FVAR_T$），计算公式如下（其中 T 表示省际流出总额）：

$$省际流出的省内增加值率：PVAR_T = \frac{LVA + RDV}{T}$$

$$省际流出的其他省份增加值率：EVAR_T = \frac{PVA}{T}$$

$$省际流出的国外增加值率：FVAR_T = \frac{FVA\_T}{T}$$

第二节　年度省级出口贸易增加值核算方法

国家统计局每五年（逢 2 和逢 7 年度）编制和公开一次省级投入产出表，通常只有这些年份才具备编制我国国内省际投入产出表的基础，才有核算省级贸易（包括出口与省际流出）增加值的完整数据。对于有省级投入产出表的 2012 年而言，如第一节所述，我们通过构建内嵌中国国内省际投入产出表的全球投入产出表并运用拓展的 WWZ 法对省级贸易增加值进行核算。但

---

① 本书中"本省"及"省内增加值率"均代表省级行政区。

对于没有省级投入产出表或此表还未公开的年份，我们无法构建内嵌表，从而无法运用拓展的 WWZ 法核算当年的省级贸易增加值。因此，对于 2013～2017 年尚不具备省级投入产出表的年份，往往只能采用简化假设的办法推算各省出口的增加值。特别地，由于非投入产出表年份难以获得省际流入流出的相关数据，因此本节介绍的核算方法只适用于省级出口增加值的核算。具体而言，我们基于基准年（2012 年）中国国内省际投入产出表的结构与系数，利用更新年份的海关省级货物出口贸易数据，对省级货物出口贸易增加值进行估算。

一、数据基础

如前文所述，本节介绍省级贸易增加值核算的第二种方法，即借用 2012 年的中国国内省际投入产出表的结构与系数及各省份出口贸易数据来核算 2013～2017 年各年度省级货物出口贸易增加值，其所需数据基础有二。其一为 2012 年非竞争型中国国内省际投入产出表，该表由李善同等（2018）[1] 编制得到，其形式如表 2-2 所示，共包含 31 个省（区市）×42 部门（部门分类见表 2-3）。其二为 2013～2017 年各年度海关数据，海关统计的各省货物出口为 HS10 位码数据（数据示例见表 2-4），根据 HS10 位码对应 2012 年非竞争型中国国内省际投入产出表 42 部门的关系，将海关统计数据分类整理得到分省份 42 部门的货物出口数据。

表 2-2 　　　　　　中国国内省际非竞争型投入产出表表式

投入		产出	中间使用			最终使用							出口	总产出（或总进口）
			北京	……	新疆	北京			……	新疆				
			部门1,…,部门n	……	部门1,…,部门n	消费	投资	存货	……	消费	投资	存货		
国内品中间投入	北京	部门1												
		……												
		部门n												
	……	……	z_{ij}^D			f_{ij}^D							EX	X_i
	新疆	部门1												
		……												
		部门n												

---

[1] 李善同、董礼华、刘云中：《2012 年中国地区扩展投入产出表——编制与应用》，经济科学出版社 2018 年版。

续表

投入 \ 产出		中间使用			最终使用									出口	总产出（或总进口）
		北京	……	新疆	北京			……	新疆						
		部门1,…,部门n	……	部门1,…,部门n	消费	投资	存货	……	消费	投资	存货				
进口品中间投入	部门1	z_{ij}^{IM}			f_{ij}^{IM}									0	IM_i
	……														
	部门n														
初始投入（增加值）		V_j													
总投入		X_j													

表2-3　　2012年我国国内非竞争型省际投入产出表部门分类情况

序号	对应部门
01	农林牧渔产品和服务
02	煤炭采选产品
03	石油和天然气开采产品
04	金属矿采选产品
05	非金属矿和其他矿采选产品
06	食品和烟草
07	纺织品
08	纺织服装鞋帽皮革羽绒及其制品
09	木材加工品和家具
10	造纸印刷和文教体育用品
11	石油、炼焦产品和核燃料加工品
12	化学产品
13	非金属矿物制品
14	金属冶炼和压延加工品
15	金属制品
16	通用设备
17	专用设备

续表

序号	对应部门
18	交通运输设备
19	电气机械和器材
20	通信设备、计算机和其他电子设备
21	仪器仪表
22	其他制造产品
23	废品废料
24	金属制品、机械和设备修理服务
25	电力、热力的生产和供应
26	燃气生产和供应
27	水的生产和供应
28	建筑
29	批发和零售
30	交通运输、仓储和邮政
31	住宿和餐饮
32	信息传输、软件和信息技术服务
33	金融
34	房地产
35	租赁和商务服务
36	科学研究和技术服务
37	水利、环境和公共设施管理
38	居民服务、修理和其他服务
39	教育
40	卫生和社会工作
41	文化、体育和娱乐
42	公共管理、社会保障和社会组织

表 2 - 4 海关统计各省份出口额数据示意

	HS10 位码及对应商品	出口额				
		2013 年	2014 年	2015 年	2016 年	2017 年
1	[0101101000] 改良种用马					
2	[0101102000] 改良种用驴					
3	[0101110000] 种马					
4	[0101190000] 其他马					
5	[0101201000] 种驴					
6	[0101209000] 其他驴、骡					
7	[0101210000] 改良种用马					
8	[0101290000] 其他马,改良种用除外					
9	[0101301000] 改良种用驴					
……	……					

二、核算方法

无省级投入产出表年份核算各省份货物出口贸易增加值主要基于临近年份的国内非竞争型省际投入产出表及其模型。一般地,非竞争型投入产出表的信息中包含 m 个地区 n 个部门,2012 年非竞争型中国国内省际投入产出表包含 31 个省(区市)42 个部门(即 m = 31,n = 42)。可以计算出直接消耗系数矩阵(A):

$$A = (z/x) \tag{2-1}$$

进而求得里昂惕夫逆矩阵$(I-A)^{-1}$,该矩阵全面地揭示了国民经济各部门之间直接和间接的经济关系,将其记为$\hat{B} = (I-A)^{-1}$。

定义第 i 省部门 j 的增加值率(a_{vj}^i)为该部门的增加值(v_j^i)与总产出(x_j^i)的比值$a_{vj}^i = v_j^i/x_j^i$,则各部门的增加值向量可表示为:

$$V = \hat{A_v}X = \hat{A_v}\hat{B}F \tag{2-2}$$

其中,V 表示由各省份各部门的增加值矩阵,$\hat{A_v}$ 为各省份各部门增加值率对角矩阵,F 表示包括消费、投资和出口在内的最终需求矩阵。通过公式(2 - 2)可以测算出最终需求对增加值创造的带动作用。我们关心的是各省份货物出口贸易的增加值核算，将公式（2 - 2）中的最终需求矩阵 F 替换为出口向量 E，则可以用该公式来计算出口带动的增加值情况，具体地：

$$V_E = \hat{A}_v \hat{B} \hat{E} \qquad (2 - 3)$$

其中，$\hat{E}$ 表示出口向量的对角矩阵，V_E 即为出口增加值矩阵（m × n 维的方阵），其纵向表示对应地区和部门出口中蕴含的自身以及其他地区和部门的增加值，横向表示对应地区和部门蕴含于自身及其他地区和部门出口中的增加值。

那么，2013 ~ 2017 年出口增加值核算方法如式（2 - 4）所示，其中隐含假设：2013 ~ 2017 年的里昂惕夫逆矩阵（$\hat{B}$）和增加值率矩阵（$\hat{A}_v$）与 2012 年保持不变，即 2013 ~ 2017 年投入与初始投入的结构与 2012 年一致。从而通过更新出口数据，根据公式（2 - 3）计算得到 2013 ~ 2017 年的各省份出口增加值矩阵。

$$V_{E,t} = \hat{A}_{v2012} \hat{B}_{2012} \hat{E}_t, \quad t = 2013, \cdots, 2017 \qquad (2 - 4)$$

其中，$\hat{E}_t$ 表示 t 年度各省份货物出口向量的对角矩阵，$\hat{A}_{v2012}$ 为 2012 年我国国内非竞争型省际投入产出表的增加值率对角矩阵，$\hat{B}_{2012}$ 为由 2012 年我国国内非竞争型省际投入产出表计算得到的里昂惕夫逆矩阵。

第三节　数据结果

表 2 - 5 至表 2 - 10 分别给出了 2012 ~ 2017 年中国各省份出口额的分解情况，其中 2012 年为使用拓展 WWZ 法分解得到的结果，2013 ~ 2017 年为连续年度各省份货物出口增加值的分解结果。

表 2 - 5 　　　　　　　**2012 年中国各省份出口额分解情况**　　　　　单位：百万美元

地区	出口额	出口省内增加值	出口国内其他省份增加值	出口国外增加值
北京	35 188.3	11 144.9	13 423.9	4 285.5
天津	49 558.0	25 716.3	11 172.0	6 132.0
河北	37 274.7	24 783.3	6 715.8	1 818.1

续表

地区	出口额	出口省内增加值	出口国内其他省份增加值	出口国外增加值
山西	7 295.7	4 920.5	1 336.0	308.1
内蒙古	4 596.5	2 816.9	1 228.9	146.5
辽宁	50 380.1	30 267.9	11 019.9	3 404.6
吉林	5 123.7	3 807.8	887.4	188.9
黑龙江	7 602.8	4 644.1	2 165.6	302.0
上海	193 443.7	55 470.4	68 845.6	34 357.0
江苏	335 167.0	188 220.8	71 552.4	35 770.2
浙江	238 872.9	139 743.2	57 862.8	16 439.4
安徽	20 997.4	8 600.3	8 881.6	878.7
福建	87 740.2	65 542.0	7 760.1	7 152.6
江西	21 745.1	14 004.5	5 252.5	680.5
山东	135 668.9	102 013.2	12 179.3	10 277.1
河南	32 796.9	19 574.8	8 883.8	1 146.9
湖北	20 462.3	16 323.9	2 705.3	414.4
湖南	13 110.0	9 284.4	2 418.9	354.7
广东	689 894.4	349 921.0	99 382.9	97 690.2
广西	9 675.3	6 426.0	1 282.0	580.1
海南	3 459.4	1 226.9	1 107.9	174.9
重庆	35 806.6	19 306.7	11 778.1	1 444.0
四川	33 452.9	25 989.1	4 761.8	831.0
贵州	3 648.7	2 130.0	961.3	107.4
云南	5 701.6	3 663.1	1 114.9	162.6
西藏	0.0	0.0	0.0	0.0
陕西	7 312.2	4 253.3	2 172.1	235.4
甘肃	1 454.4	777.0	378.2	98.5
青海	460.5	321.9	96.8	11.6
宁夏	1 561.8	700.0	602.0	50.9
新疆	15 715.1	9 601.5	3 343.9	542.6

表 2－6　　　　　2013 年中国各省份货物出口额分解情况　　　　　单位：百万美元

地区	出口额	出口省内增加值	出口国内其他省份增加值	出口国外增加值
北京	33 221.4	5 929.8	15 862.0	11 429.7
天津	48 930.0	24 656.1	9 204.9	15 068.9
河北	40 844.0	26 688.2	9 373.7	4 782.1
山西	9 749.4	5 225.7	2 838.7	1 685.0
内蒙古	5 255.5	3 323.2	1 510.8	421.5
辽宁	53 407.9	30 006.2	13 825.0	9 576.8
吉林	5 699.0	4 105.8	1 114.9	478.3
黑龙江	12 238.9	6 467.2	4 556.4	1 215.3
上海	188 743.5	47 085.1	44 711.1	96 947.4
江苏	333 804.2	170 693.9	70 901.5	92 208.9
浙江	261 815.0	143 392.6	71 000.5	47 422.0
安徽	22 460.2	8 553.8	11 243.5	2 662.9
福建	94 313.7	69 758.8	5 394.6	19 160.3
江西	23 300.6	14 167.1	7 120.5	2 013.0
山东	141 546.1	97 177.8	15 535.4	28 832.9
河南	38 577.8	19 468.9	12 115.5	6 993.4
湖北	20 986.0	17 242.7	2 665.6	1 077.7
湖南	14 403.0	10 250.7	3 212.0	940.3
广东	731 763.4	384 165.3	98 384.9	249 213.1
广西	9 395.6	6 100.7	1 800.4	1 494.6
海南	3 172.9	999.6	1 168.1	1 005.2
重庆	38 211.4	17 113.9	6 963.3	14 134.2
四川	32 760.5	21 319.2	5 207.3	6 233.9
贵州	3 209.5	1 876.4	1 086.4	246.8
云南	8 768.5	5 520.1	2 416.0	832.5
西藏	1 948.9	708.4	1 112.6	127.9
陕西	10 224.1	5 023.6	3 989.9	1 210.6

续表

地区	出口额	出口省内增加值	出口国内其他省份增加值	出口国外增加值
甘肃	1 429.4	811.3	479.6	138.5
青海	350.7	264.4	70.7	15.6
宁夏	1 785.0	791.4	852.9	140.7
新疆	15 841.8	8 734.4	5 623.5	1 483.9

表2-7　　　　　**2014年中国各省份货物出口额分解情况**　　　　单位：百万美元

地区	出口额	出口省内增加值	出口国内其他省份增加值	出口国外增加值
北京	31 649.0	5 807.3	15 025.3	10 816.3
天津	52 011.4	26 270.0	9 655.4	16 086.1
河北	49 137.8	31 948.9	11 101.9	6 087.0
山西	11 609.4	6 282.9	3 294.9	2 031.7
内蒙古	6 400.2	4 041.7	1 829.9	528.6
辽宁	55 660.6	31 365.6	14 139.7	10 155.3
吉林	6 246.2	4 457.1	1 257.9	531.1
黑龙江	12 166.6	6 144.5	4 744.7	1 277.4
上海	191 902.5	48 241.5	45 855.8	97 805.2
江苏	350 558.4	179 830.4	75 130.3	95 597.8
浙江	280 888.1	153 641.9	76 592.8	50 653.5
安徽	26 509.5	10 101.7	13 122.6	3 285.1
福建	97 584.6	72 199.9	5 630.5	19 754.2
江西	27 088.6	16 308.4	8 248.1	2 532.0
山东	154 997.1	106 071.1	16 874.6	32 051.4
河南	42 533.5	21 440.3	13 466.7	7 626.5
湖北	23 980.3	19 577.5	3 180.9	1 221.9
湖南	17 090.7	12 172.2	3 804.1	1 114.4
广东	745 309.5	390 629.3	104 160.6	250 519.6
广西	13 042.6	8 245.4	2 379.2	2 418.0
海南	4 185.2	1 340.8	1 380.3	1 464.1

续表

地区	出口额	出口省内增加值	出口国内其他省份增加值	出口国外增加值
重庆	51 903.0	24 053.6	9 598.9	18 250.6
四川	36 684.0	23 811.2	5 854.7	7 018.1
贵州	3 580.0	2 067.4	1 235.5	277.2
云南	10 516.7	6 662.7	2 876.8	977.1
西藏	1 950.3	686.2	1 135.0	129.2
陕西	14 137.4	6 817.8	5 543.1	1 776.5
甘肃	2 080.3	1 155.4	718.1	206.7
青海	315.5	240.0	61.6	14.0
宁夏	2 651.0	1 122.6	1 270.3	258.1
新疆	17 447.7	9 592.7	6 217.3	1 637.7

表 2−8　　　　　　　2015 年中国各省份货物出口额分解情况　　　　单位：百万美元

地区	出口额	出口省内增加值	出口国内其他省份增加值	出口国外增加值
北京	29 001.4	5 685.5	13 975.0	9 340.9
天津	48 359.7	24 336.1	8 980.8	15 042.7
河北	47 655.8	30 960.6	10 784.1	5 911.1
山西	11 438.7	6 044.7	3 344.5	2 049.4
内蒙古	6 134.0	3 856.6	1 784.9	492.6
辽宁	51 100.2	29 030.3	13 291.8	8 778.1
吉林	5 363.3	3 835.3	1 072.4	455.6
黑龙江	6 317.2	3 228.7	2 377.9	710.6
上海	178 677.4	45 009.6	42 482.3	91 185.6
江苏	348 833.4	178 675.2	74 226.1	95 932.1
浙江	282 667.9	154 836.0	77 353.1	50 478.8
安徽	27 654.1	10 552.7	13 675.2	3 426.2
福建	93 795.2	69 449.6	5 391.8	18 953.8
江西	30 140.5	18 227.7	9 208.3	2 704.4
山东	148 494.4	102 195.3	16 168.9	30 130.1

地区	出口额	出口省内增加值	出口国内其他省份增加值	出口国外增加值
河南	45 778.7	22 603.6	14 248.1	8 927.0
湖北	27 098.2	22 178.5	3 544.5	1 375.2
湖南	19 085.3	13 694.9	4 144.7	1 245.8
广东	730 187.1	383 764.1	102 068.7	244 354.3
广西	14 055.6	8 636.2	2 658.6	2 760.8
海南	4 267.9	1 224.6	1 518.2	1 525.0
重庆	39 938.1	17 342.3	6 853.3	15 742.5
四川	28 386.8	18 629.3	4 529.8	5 227.7
贵州	5 449.8	2 975.5	1 956.8	517.4
云南	10 664.7	7 063.1	2 719.4	882.2
西藏	503.4	191.0	280.1	32.3
陕西	14 621.6	7 084.5	5 630.3	1 906.8
甘肃	2 159.2	1 189.0	754.1	216.1
青海	366.7	272.9	77.8	16.0
宁夏	2 318.7	1 022.9	1 110.0	185.8
新疆	12 447.7	6 800.4	4 450.3	1 197.0

表 2-9　　　　　　　　2016 年中国各省份货物出口额分解情况　　　　　　单位：百万美元

地区	出口额	出口省内增加值	出口国内其他省份增加值	出口国外增加值
北京	25 455.8	4 974.0	12 334.4	8 147.5
天津	41 657.0	21 077.6	7 896.4	12 683.0
河北	43 998.3	28 699.1	10 024.2	5 275.0
山西	12 527.3	6 171.7	3 816.5	2 539.2
内蒙古	5 195.7	3 306.0	1 473.8	415.9
辽宁	44 813.6	25 472.9	11 492.8	7 847.9
吉林	4 907.3	3 540.8	964.5	402.0
黑龙江	4 919.6	2 563.5	1 834.0	522.0
上海	166 359.2	42 033.1	39 458.2	84 867.8

地区	出口额	出口省内增加值	出口国内其他省份增加值	出口国外增加值
江苏	330 958.7	170 718.3	70 988.4	89 252.0
浙江	273 052.7	149 288.4	74 795.0	48 969.2
安徽	25 966.3	9 926.5	12 848.6	3 191.2
福建	87 229.7	64 301.9	4 978.2	17 949.6
江西	24 149.5	14 599.4	7 398.1	2 152.0
山东	144 313.3	99 342.4	15 867.3	29 103.6
河南	45 322.7	22 324.6	13 987.4	9 010.7
湖北	24 763.3	20 561.8	2 937.9	1 263.5
湖南	14 275.0	10 230.0	3 130.1	915.0
广东	654 136.5	343 608.5	90 482.1	220 046.0
广西	12 626.2	8 009.7	2 351.1	2 265.3
海南	3 468.7	1 190.8	1 121.8	1 156.1
重庆	33 555.2	14 297.1	5 205.8	14 052.4
四川	26 201.5	16 963.9	4 146.0	5 091.6
贵州	3 992.1	2 191.7	1 410.2	390.2
云南	8 855.2	6 114.5	2 034.6	706.1
西藏	450.4	188.1	235.4	26.9
陕西	15 803.4	7 671.1	6 039.6	2 092.7
甘肃	1 915.7	1 071.7	634.4	209.6
青海	358.4	257.0	86.3	15.1
宁夏	1 986.1	884.2	950.6	151.3
新疆	13 795.2	7 611.2	4 918.2	1 265.8

表 2－10 　　　　　**2017 年中国各省份货物出口额分解情况**　　　　　单位：百万美元

地区	出口额	出口省内增加值	出口国内其他省份增加值	出口国外增加值
北京	26 480.3	5 187.6	12 926.9	8 365.9
天津	42 642.0	21 574.4	8 106.7	12 960.9
河北	43 733.5	28 655.4	10 095.0	4 983.1

续表

地区	出口额	出口省内增加值	出口国内其他省份增加值	出口国外增加值
山西	13 855.0	7 134.5	4 077.5	2 643.0
内蒙古	5 809.4	3 674.9	1 644.8	489.6
辽宁	49 426.7	27 909.7	12 367.2	9 149.7
吉林	5 257.7	3 805.8	1 025.9	426.1
黑龙江	5 270.2	2 680.8	1 991.1	598.3
上海	174 099.8	43 741.4	41 023.7	89 334.6
江苏	374 970.1	193 026.1	80 104.9	101 839.1
浙江	292 113.4	159 448.2	80 108.1	52 557.1
安徽	30 006.2	11 419.6	14 848.4	3 738.2
福建	92 243.7	67 468.9	5 416.0	19 358.8
江西	24 806.9	15 079.1	7 557.8	2 169.9
山东	157 295.4	107 953.6	17 355.5	31 986.3
河南	50 121.9	24 732.8	15 581.3	9 807.8
湖北	29 011.0	24 080.0	3 441.0	1 489.9
湖南	17 669.5	12 700.0	3 845.9	1 123.7
广东	676 314.3	354 150.7	94 937.3	227 226.3
广西	14 399.6	9 030.1	2 729.8	2 639.7
海南	4 301.7	1 671.6	1 255.9	1 374.2
重庆	37 829.0	15 978.1	5 658.2	16 192.7
四川	35 169.0	22 048.9	5 499.1	7 621.1
贵州	5 500.4	2 872.8	2 007.8	619.9
云南	9 658.9	6 520.4	2 308.6	829.9
西藏	352.5	153.0	179.0	20.5
陕西	23 807.2	11 498.6	9 058.5	3 250.1
甘肃	1 694.6	966.9	549.5	178.2
青海	282.3	218.6	51.0	12.7
宁夏	2 549.9	1 163.8	1 188.3	197.7
新疆	16 067.3	8 913.0	5 700.1	1 454.2

第四节 本章小结

本章主要介绍了省级贸易增加值核算的两种方法，第一种为基于 WWZ 法的省级贸易增加值核算方法，它在 WWZ 法及其应用的基础上作了两个拓展：第一个拓展是数据层面的拓展，构建内嵌中国国内省际投入产出表的全球投入产出表；第二个拓展是核算方法的拓展，将 WWZ 法中的 16 项分解为 20 项。第二种方法则是适用于没有省级投入产出表年份的出口贸易增加值核算。最后，本章第三节给出了部分数据结果。

（执笔人：祝灵秀、潘晨、张红梅、何建武）

第三章

中国省级出口增加值核算的结果分析

第一节 引 言

在全球价值链分工不断深化的背景下，我国各省份的贸易愈加受到其他国家以及国内其他区域的影响，以贸易总值为基础的传统贸易统计方法已无法准确地反映出我国各省份贸易的实际情况，基于增加值的贸易核算方法更能反映贸易的实际情况。在全球价值链分工中，有的省份更多的直接参与分工，有的更多的间接参与分工。对于东部沿海的省份而言，它们更多的直接通过出口和进口参与全球价值链分工；对于内陆省份而言，则更多地通过为沿海省份提供能源、原材料和初级产品等来间接参与全球价值链分工。无论是哪种方式，都在价值创造方面表现为对全球价值链的依赖，这同时说明通过间接出口也能在全球价值链的分工中获益。因此，要想厘清各省份贸易的真实情况，不仅需要考察各省份直接出口中的省内增加值（即本省创造的增加值），还要考察其他省份出口间接带动本省创造的增加值。

本章旨在运用第二章的方法的核算结果来分析我国各省份出口的实际情况。具体分为三个主要部分：首先，我们分析中国省级出口增加值的总体情况，聚焦其特征和变化趋势；其次，我们研究各省份农业部门出口增加值的特征；最后，我们从多个视角讨论省级制造业出口增加值的情况。

第二节 中国省级出口增加值的总体状况分析

一、中国省级出口额的构成

我国各省份出口的价值并非全由本省创造，但对于多数省份而言，本省创造的增加值在其中占主要部分。

事实上，我国各省份出口商品在生产过程中或多或少的都使用了其他国家或国内其他省份的原材料和零部件作为中间投入品，因此，各省份出口的价值并非完全由本省创造。从各省份均值来看，各省份出口额中有 55.01%是本省创造的增加值，26.92% 是其他省份创造的增加值，18.07% 是国外创造的增加值以及重复计算部分。如图 3－1、表 3－1 所示，除了北京、上海、安徽、海南、西藏、重庆和宁夏之外，其他省份的出口额中本省创造的增加值所占比重都是最大的，且都在 45% 以上，湖北、青海、福建、吉林和湖南更是高达 70% 以上，分别为 82.15%、77.40%、72.97%、72.35%、71.80%。

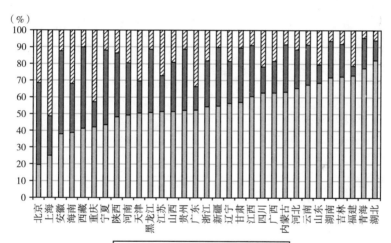

图 3－1　2017 年各省份出口额的构成

资料来源：笔者计算（无特殊说明的情况下，本章的数据来源均为笔者计算）。

表 3－1　　　　　　　2017 年中国各省份出口额与出口省内增加值

地区	出口额（百万美元）	出口额位次	出口省内增加值（百万美元）	出口省内增加值位次	出口省内增加值率（%）	出口省内增加值率位次
湖北	29 011.00	14	23 832.98	10	82.15	1
青海	282.32	31	218.52	30	77.40	2
福建	92 243.66	6	67 312.60	5	72.97	3
吉林	5 257.75	26	3 804.21	23	72.35	4

续表

地区	出口额 （百万美元）	出口额 位次	出口省内增加值 （百万美元）	出口省内 增加值位次	出口省内 增加值率（%）	出口省内增加 值率位次
湖南	17 669.53	18	12 687.53	15	71.80	5
山东	157 295.41	5	107 884.09	4	68.59	6
云南	9 658.85	22	6 518.06	21	67.48	7
河北	43 733.47	9	28 601.98	7	65.40	8
内蒙古	5 809.40	23	3 673.74	24	63.24	9
广西	14 399.55	20	9 029.90	18	62.71	10
四川	35 168.99	12	22 034.98	11	62.65	11
江西	24 806.87	16	15 016.57	14	60.53	12
甘肃	1 694.61	29	966.63	29	57.04	13
辽宁	49 426.69	8	27 895.01	8	56.44	14
新疆	16 250.48	19	8 904.17	19	54.79	15
浙江	292 397.26	3	159 078.35	3	54.40	16
广东	676 314.30	1	354 020.02	1	52.35	17
贵州	5 500.42	24	2 871.01	25	52.20	18
山西	13 855.02	21	7 132.56	20	51.48	19
江苏	374 970.07	2	192 947.90	2	51.46	20
黑龙江	5 270.19	25	2 680.26	26	50.86	21
天津	42 641.97	10	21 570.87	12	50.59	22
河南	50 121.90	7	24 723.39	9	49.33	23
陕西	23 807.21	17	11 492.52	16	48.27	24
宁夏	2 671.06	28	1 163.48	28	43.56	25
重庆	37 829.05	11	15 975.26	13	42.23	26
西藏	369.25	30	152.88	31	41.40	27
海南	4 301.66	27	1 671.03	27	38.85	28
安徽	30 006.19	13	11 418.60	17	38.05	29
上海	174 126.85	4	43 709.70	6	25.10	30
北京	26 480.35	15	5 187.58	22	19.59	31

注：出口省内增加值率为各省份出口额中所隐含的本省自身所创造增加值的份额。

二、中国省级出口的空间格局

基于各省份出口额中所隐含的省内增加值来分析我国省级出口的空间格局，得到以下主要特征。

（1）分四大区域来看，东部地区是我国出口的主要地区，但其内部存在较大差异。

东部地区是我国出口的主要地区。从图 3 - 2 可见，2017 年东部地区出口增加值明显大于其他地区，其占全国出口增加值的比重高达 81.23%，仅广东、江苏和浙江三省就占到了 59.12%。中部、西部和东北地区分别仅占全国的 7.94%、6.95% 和 2.88%。改革开放以来，我国逐步打开国门，尤其是东南沿海地区，越来越多地参与到国际生产和国际贸易当中，与世界各国（或地区）形成了较紧密的经济联系，成了我国出口的主要窗口，其直接出口的增加值远远大于其他三个地区。

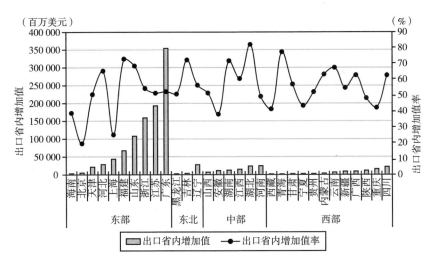

图 3 - 2　2017 年各省份出口省内增加值及省内增加值率

东部地区内部存在较大差异，并非所有东部省份都是我国出口的主要省份。从出口增加值的全国排名来看，排名前六的省份均来自东部地区，但也有部分东部省份在全国排名靠后，如海南和北京分别排名第 27 位和第 22 位，其出口增加值分别为 1 671.03 百万美元和 5 187.58 百万美元，仅相当于排名第一的广东的 0.47% 和 1.47%。无论是基于传统总值统计方法还是增加值贸易核算方法，广东都是我国出口最大的省份。海南出口增加值较低的原因主要在于海南的产业结构是以第三产业为主。2017年，海南第三产业占地区生产总值的比重为55.7%，服务业对经济增长的贡献率高达79.5%，而出口额占比最大的制造业没有比较优势，因此海南出口额低，排名全国第27，是东部地区出口额最低的省份，因而出口中本省创造的增加值较低。北京的总部经济特征明显，其出口产品的增加值有很大部分来源于其他国家和国内其他省份，尤其是国内其他省份，因此是出口省内增加值率最低的直辖市，仅为19.59%，这也是北京出口省内增加值较低的主要原因。

（2）分省份来看，我国省级出口也具有很强的集聚特征。

除了东部的广东、江苏、浙江、山东和福建这几个全国排名前五的省份之外，其他省份出口中所含的本省增加值都低于50 000百万美元。排名前五的省份的出口省内增加值之和为1 030 006.04百万美元，占全部省份出口省内增加值之和的73.80%。前十位省份的出口省内增加值之和高达1 026 049.83百万美元，占全部省份出口省内增加值之和的86.25%。

三、典型省份出口额的增加值来源

本部分以三大增长极地区的北京、江苏和广东三个省（市）为例来分析这些省份出口的增加值来源。其中，广东、江苏的出口额排名全国前二位，北京出口额中隐含的其他省份创造的增加值占比排名全国第二，高达48.5%。图3-3至图3-5给出了三个省（市）出口额的增加值来源情况。

珠三角和长三角地区出口的价值主要由本省创造。广东、江苏出口的价值有一半以上都是本省所创造，出口额中所隐含的本省增加值占比分别为52.3%和51.5%。

相对北京而言，珠三角和长三角地区出口中隐含的其他省份增加值的比重较低，且其他省份增加值主要来自其周边地区。广东、江苏出口额中所隐含的其他省份增加值占比分别为14.1%、21.4%。广东出口额中隐含的其他省份增加值主要是来自湖南、上海、江苏、河南和云南，此五省（市）所占比重之和约为5%；江苏出口额中隐含的其他省份增加值主要是来自河南、河北、陕西、浙江和山西，此五省所占比重之和约为10%。

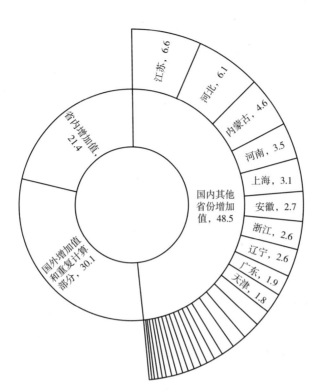

图 3-3 2017 年北京出口额的增加值来源（单位：%）

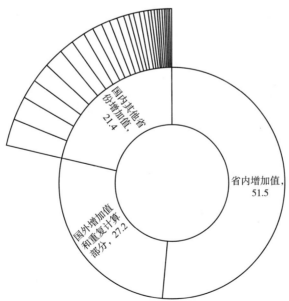

图 3-4 2017 年江苏出口额的增加值来源（单位：%）

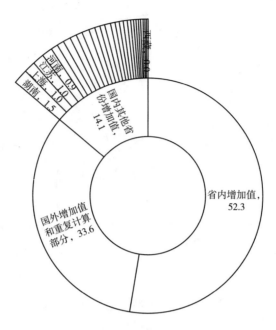

图 3 - 5　2017 年广东出口额的增加值来源（单位：%）

北京出口额中隐含了较大比重的其他省份增加值，且隐含的长三角地区增加值比重要大于河北和天津。北京出口带动的其他省份增加值在其出口额中所占比重高达 48.8%，意味着其出口中有近一半的增加值来源于其他省份，如江苏、河北、内蒙古、河南和上海，北京出口额中隐含的这些省份的增加值分别占到北京出口额的 7.8%、6.8%、3.1%、3.4% 和 3.3%。而这 5 个省（区市）除了河北之外，都与北京在地理位置上相距较远，北京出口额中隐含的长三角地区创造的增加值占北京出口额的 13.71%，隐含的河北和天津创造的增加值占北京出口额的 8.51%。

四、中国各省份在全球价值链中的参与程度

这里沿用胡梅尔斯等（Hummels et al.，2001）提出的垂直专业化指数来衡量我国各省份参与全球价值链的程度。具体的测算公式如下：

$$VS_{\_GVC} = \frac{FVA + PDC}{E} \qquad (3-1)$$

其中，$VS_{\_GVC}$ 是国际垂直专业化指数，FVA 和 PDC 分别表示国内某一省

出口额中所隐含的国外增加值和由于中间品贸易带来的重复计算部分，E 为出口额。图 3 – 6 展示了各省份 2017 年在全球价值链中的参与程度，表现出以下主要特征。

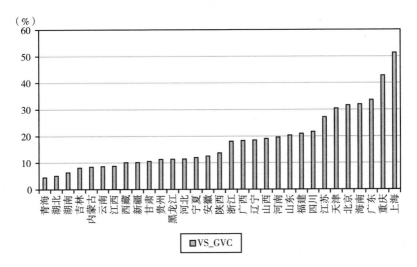

图 3 – 6　2017 年各省份在全球价值链中的参与程度

东部沿海省份参与全球价值链的程度要明显高于内陆省份。平均来看东部沿海省份要比内陆省份在国际贸易中的垂直专业化指数高 10 个百分点左右，东部省份平均垂直专业化指数为 27.68%，中部、西部和东北分别为 10.36%、14.33% 和 12.66%。这在一定程度上说明了区位优势在国际贸易中的重要性，同时也说明了为什么长期以来世界经济发达地区主要分布在沿海港口地区，但东部沿海省份内部存在较大差异，如河北的垂直专业化指数就低于其他沿海省份。

三大增长极地区及川渝地区在全球价值链中的参与程度明显高于其他地区。从测算的结果来看，珠三角、长三角、京津冀三大增长极地区和川渝地区在全球价值链中的垂直专业化指数要明显高于其他地区。平均来看，珠三角在全球价值链中的参与程度最高，广东省的垂直专业化指数达到 33.60%；其次是长三角地区，平均达到 32.18%，上海的垂直专业化指数更是位列全国第一，为 51.32%，而浙江最低，这与浙江产业结构存在一定关系；接着是川渝地区，作为内陆地区，其平均垂直专业化指数达到 32.24%，其中重庆更是高达 42.81%；最后是京津冀地区，平均垂直专业化指数为 24.46% 左右，其中河北在京津冀地区中最低。

五、中国各省份的出口依存度

我国各省份参与全球分工的方式存在差异，既有直接参与，也有间接参与。对于东部沿海的省份而言，它们更多是直接通过出口和进口参与全球分工；而内陆省份则更多是通过为沿海省份提供能源、原材料和初级产品等方式间接参与全球分工。一个省份出口所得的收益，既有从直接出口中获得部分，也有从其他省份的出口中间接获得的收益。因此，在分析各省份出口依存度时，不仅要考虑直接的出口依存度，而且要考虑间接的出口依存度。在此，从价值创造的角度综合考虑直接参与和间接参与全球分工对各省份经济的贡献程度，各省份实际的出口依存度的公式如下：

$$Dep\_exp_r = \frac{VAE_r}{r\ 省地区生产总值} \qquad (3-2)$$

其中，Dep_exp_r 是 r 省基于增加值的出口依存度，VAE_r 是所有省份出口中所隐含的 r 省的增加值之和。基于增加值的出口依存度分为直接出口依存度和间接出口依存度，前者是 r 省直接出口中隐含的 r 省增加值与 r 省地区生产总值之比，后者是其他省份出口中所隐含的 r 省的增加值之和与 r 省地区生产总值之比。出口依存度的相关概念界定如表 3-2 所示。

表 3-2 出口依存度的相关概念界定

概念	界定	备注
r 省基于总值的出口依存度	r 省出口额与 r 省地区生产总值之比	反映 r 省经济对本省出口的依存度
r 省基于增加值的直接出口依存度	r 省出口额中所隐含的 r 省增加值与 r 省地区生产总值之比	反映 r 省经济对本省及他省份出口的依存度
r 省基于增加值的间接出口依存度	其他省份出口额中所隐含的 r 省增加值与 r 省地区生产总值之比	反映 r 省经济对其他省份出口的依存度
r 省基于增加值的出口依存度	基于增加值的直接出口依存度与基于增加值的间接出口依存度之和	反映 r 省经济对本省出口的依存度

注：r 省代表省级行政区。

（一）基于总值的出口依存度与基于增加值的出口依存度对比

根据图3-7，对比分析基于增加值的出口依存度与基于总值的出口依存度。

从基于总值的出口依存度来看，绝大部分的直接出口集中在东南沿海，测算的结果也显示东部地区的出口依存度最高，平均接近23%，其中广东和上海位居全国前两位，分别达到50.9%和38.37%。其他三大区域（中部、西部和东北）的出口依存度相对较小，都在6%左右，其中中部较其他两大区域稍高一些，达到6.42%，而西部和东北地区分别为5.07%和6.29%。

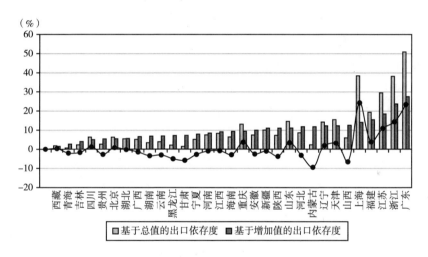

图3-7 2017年基于总值的出口依存度与基于增加值的出口依存度

注：①差值等于基于总值的出口依存度减去基于增加值的出口依存度；②地区生产总值以及人民币与美元兑换汇率数据来源于中经网。

基于增加值的出口依存度与基于总值的出口依存度的省际变化趋势比较类似，但使用贸易增加值计算得到的出口依存度的省际差异相对缩小。同时，除了东部沿海的一些省份之外，其他省份的基于总值的出口依存度大都比基于增加值的出口依存度小，这是因为中西部地区主要是通过为沿海省份提供能源、原材料和初级产品等来间接参与全球价值链分工，而东部是直接参与全球价值链分工。

东部地区基于增加值的出口依存度是所有地区中最高的，平均达到

15%。其中广东和浙江两省位居前两位，分别达到 27.52% 和 23.74%。东部除了海南和河北之外，其他省份基于增加值的出口依存度都要明显小于基于总值的出口依存度。其中，差异最明显的是上海，其基于增加值的出口依存度比基于总值的出口依存度低了 24.27 个百分点，其次是广东，低了 23.38 个百分点。这其中的重要原因是：随着分工的深化，中间品贸易所占的比重越来越高，本地区的出口中不仅包含本地区创造的增加值，还包含大量其他国家和国内其他地区的增加值和大量中间品贸易带来的重复计算部分，因此，出口额会高估出口对一个地区经济的拉动作用。另外，东部沿海省份出口额中包含的本地增加值要明显低于出口总额，同时其垂直专业化指数明显高于其他地区，因此基于增加值的出口依存度要大幅低于基于总值的出口依存度。

（二）基于增加值的直接出口依存度与间接出口依存度

由于国内价值链的发展使得各省份不仅可以从自身的直接出口中获益，还可以从其他省份的出口中间接获益。例如，东部的出口品生产需要中西部地区提供原材料等，因此拉动了中西部地区的中间投入品和能源的生产，从而中西部地区因东部的出口而间接获益。

东部地区自身出口对经济的拉动作用较大，而中部、西部和东北地区间接出口对经济的拉动作用较大。图 3-8 给出了各省份的直接和间接出口依存度，从中可以看出，东部地区各省份的直接出口依存度均较高，大多数省份超过 10%，除了海南、北京和河北之外，其他东部省份的基于增加值的直接出口依存度都大于间接出口依存度，各省份直接出口的拉动作用占到全部基于增加值的出口拉动的 80% 左右。除了东部地区以外，中部、西部和东北地区的出口拉动作用都主要体现为间接出口拉动，其间接出口依存度均值分别为 5.20%、4.61% 和 4.25%，分别占全部出口拉动的 58.82%、63.28% 和 53.90%。可见，中部、西部和东北地区更多地通过其他省份的出口而间接获益。

从各区域内部来看，直接依存度和间接依存度存在较大的内部差异。以东北地区为例，辽宁直接出口的拉动作用占到全部出口拉动的 65.30%；黑龙江间接出口依存度较高，占到全部出口拉动的 84.28%，该省主要依赖其他省份出口的拉动作用；吉林也主要依赖其他省份出口的拉动作用，但直接出口依存度和间接出口依存度的差异不大。

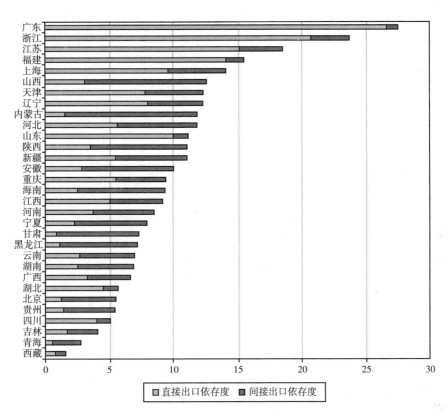

图 3－8　2017 年各省份直接和间接的出口依存度

　　具体分省份来看，东部沿海省份的直接出口依存度明显较高，如广东、浙江、江苏和福建，其直接拉动作用占到全部拉动的 80% 以上，尤其是广东，高达 96.81%。一些资源类省份的间接出口依存度较高，如山西、内蒙古、陕西、安徽等，其间接出口的拉动作用占到全部拉动的 65% ~ 90% 左右。

第三节　中国省级农业出口增加值分析

一、农业在出口增加值中的比重

1. 农业在出口增加值中的比重较小但在上升

农业在出口增加值中的比重较小，但相对农业在总值出口额中的比重要大，而且整体上在上升。从总值来看，农业出口额在全国出口额中所占比重自 2012 ~ 2015 年都在 0.7% 以下，2016 年上升到 0.82%，但 2017 年又下降到 0.76%；而从增加值来看，农业出口增加值占全国出口增加值比重在 1% 以上，且由 2012 年的 1.43% 上升到 2017 年的 1.7%，上升的幅度较大，如图 3 - 9 所示。之所以农业出口增加值在全国出口增加值中的占比大于总值视角的占比（从各省份来看也是如此），这是因为，相较于许多部门而言，农业的生产环节较少，且其生产不需要使用太多其他行业、其他地区或国家的中间投入，因此农业出口额中自身创造的增加值较大，从而农业出口增加值在全国出口增加值中的比重大于总值角度的比重。

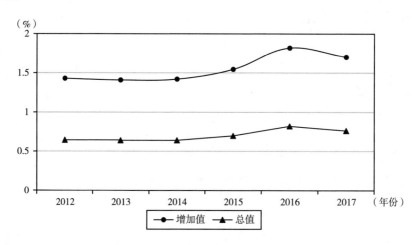

图 3 - 9　农业出口占我国总出口的比重

2. 不同省份农业在出口中的比重存在较大差异

我国各省份出口增加值中农业所占比重存在较大的省际差异。图 3 - 10 给出了 2017 年各省份总出口增加值中的农业占比，从图中可以看出，该比重最小的是重庆，仅为 0.08%，最大的是云南，高达 53.7%，二者相差甚远。造成这种差异的原因主要有两点，一是各省份出口产品结构的差异；二是各省份在全球价值链中的参与程度的差异。以重庆和云南为例，重庆的出口产品中制造业产品占到了 99.9%，农产品出口微乎其微；与此同时，重庆在全球价值链中的参与度高达 40.82%，全国排名第二，这在一定程度上也使得重庆出口增加值中农业所占比重较小。云南的出口产品中有很大一部分是农产品，其比重高达36％，全国排名第一，制造业产品比重虽然高于60％，但大都是中间品贸易和过境贸易，制造业出口中云南自身创造的增加值较低。所以，重庆的出口增加值中农业所占比重非常小，而云南却大很多。

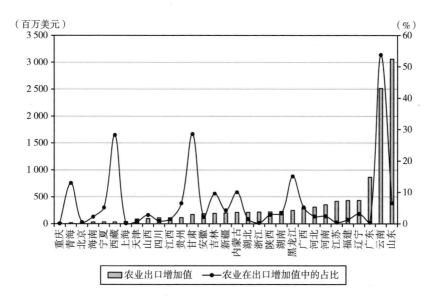

图3－10　2017年各省份农业出口增加值及其在总出口增加值中的占比

二、省级农业出口额的增加值来源

除了北京和上海，其他各省份的农业出口增加值主要来自本省，本省增加值占比在60％以上。在此分析两个省份的农业出口增加值来源，一个是农业出口增加值最大的山东（见图3－11），一个是农业出口增加值在全省出口额中占比最大的云南（见图3－12）。

山东农业出口额中本省增加值占82.29％，来自国内其他省份的增加值占比为8.99％，主要来自海南、新疆、重庆和湖南。隐含的这四个省（区市）的增加值分别为101.05百万美元、48.42百万美元、34.26百万美元和29.32百万美元，这也是四个省（区市）通过山东农业间接出口的增加值，有的甚至比它们自身直接出口的增加值还大，比如海南和重庆，是其直接出口增加值的3倍多。

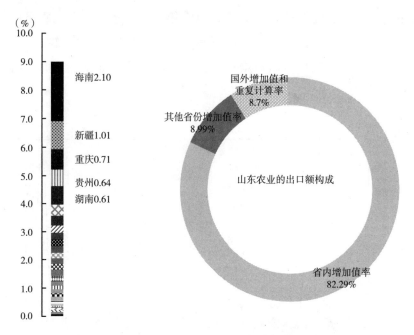

图 3 – 11   2017 年山东农业的出口额构成

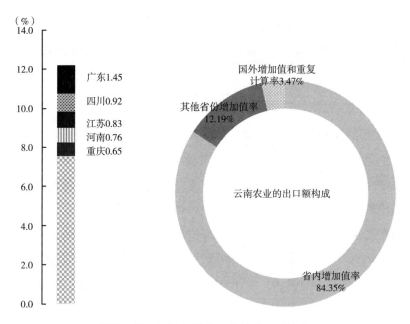

图 3 – 12   2017 年云南农业的出口额构成

云南农业出口额中本省增加值占 84% ，来自国内其他省份的增加值占比为 12% ，主要是来自广东、四川、江苏和河南，隐含的这四个省的增加值分别为 50.43 百万美元、32 百万美元、28.89 百万美元、26.29 百万美元。

第四节　中国省级制造业出口增加值分析

相比农业、采掘业和服务业等部门，制造业部门更适宜于开展全球产业分工。一方面，制造业部门基本是可贸易部门。与之相比，尽管 IT、金融等一些服务业部门也是可贸易的，但绝大多数服务业的生产消费都是本地化的。另一方面，制造业部门通常具有生产链条长的特征，前后向关联大。与之相比，农业、采掘业的整个生产贸易链条明显较短，全球化分工深化的潜力有限。尽管最近几十年来服务业的重要性大大提高，但是制造业仍是拉动经济增长的主要部门，是我国出口贸易的主力军，尤其是对于那些在全球价值链中参与度较高的地区。虽然我国各地区都存在制造业出口，但各省份制造业出口在量和结构上都存在差异性，各省份在制造业出口中所获得的利益也大相径庭。

一、制造业在出口增加值中的比重

1. 制造业在出口增加值中的比重很大，但出现下降现象

制造业在出口增加值中的比重很大，但相对制造业在总值出口中的比重较小，而且近年出现下降现象。制造业是我国高速增长的源动力，从对外贸易来说，它在我国出口贸易中占据着主导地位。无论是从总值还是增加值来看，制造业出口在全国出口中所占比重都在 90% 以上。但相对来说，制造业在总值贸易中的比重更大（见图 3－13），2012～2017 年都在 98% 以上，而制造业出口增加值占全国出口增加值比重为 97%～98% ，这是因为相对于农业等部门而言，制造业的生产链条更长且在全球价值链中的参与程度更高，因此自身创造的增加值占比相对较小。此外，2012～2017 年，无论是从总值还是增加值来看，制造业出口在全国出口中所占比重都呈下降态势，且制造业出口增加值占全国出口增加值的比重下降得更明显。此阶段为 2008 年金融危机之后全球经济的缓慢复苏阶段，贸易保护主义抬头，全球贸易

量萎缩，生产全球化速度减缓，复杂的全球价值链跨境分工减少，增加值贸易额比总值贸易额下降得更快①。无论怎样，制造业仍然是我国出口的主力。

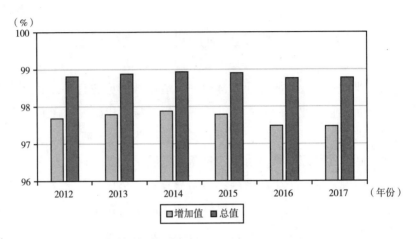

图 3 – 13　我国制造业出口占总出口的比重

2. 出口增加值中制造业的比重在不同省份间的差异不大

我国各省份出口增加值中制造业所占比重差异不大，制造业在各省份出口中都占据着重要地位。图 3 – 14 给出了 2017 年各省份总出口增加值中的制造业占比。从图中可以看出，除了云南和海南之外，其他省份的制造业出口增加值占各省份总出口增加值的比重都在 50% 以上，最大的是重庆，高达99%，紧接着是上海、浙江、江苏和天津。出口增加值中制造业所占比重的影响因素主要有三个：一是出口产品结构；二是制造业的出口额；三是在全球价值链中的参与程度。例如，重庆主要是因为出口产品结构，总值视角下的出口额中制造业的占比，重庆排名全国第一；天津和江苏不仅是因为出口产品结构中制造业占比很大，而且是因为制造业出口额较大，在全国分别排名第十和第二；四川和湖北主要是因为制造业出口额中本省创造的增加值占比较大。对于云南而言，如前面分析，其农产品出口增加值占了很大一部分。

---

①　世界银行、世界贸易组织、经济合作与发展组织、日本亚洲经济研究所和中国对外经贸大学全球价值链研究院：《全球价值链发展报告 2017——全球价值链对经济发展的影响：核算与分析》（中文版）。

对于海南而言，从出口产品结构来说，它也是以制造业产品为主，但制造业出口额中有相当大一部分是其他省份和其他国家所创造的增加值，相对而言，虽然采掘业在总出口中仅占 10% 左右，但采掘业的出口省份内增加值率比制造业的高，因此，从增加值视角来看，采掘业和制造业在出口中所占比重旗鼓相当，甚至到 2017 年，采掘业的比重超过了制造业（见图 3 – 15）。

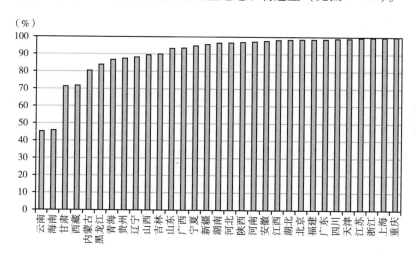

图 3 – 14　2017 年各省份总出口增加值中制造业的占比

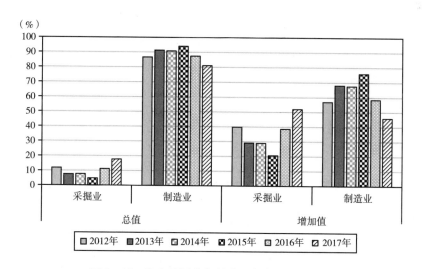

图 3 – 15　海南采掘业和制造业在出口中的占比

注：此图反映了总值视角和增加值视角下，海南 2012～2017 年采掘业和制造业在本省出口中的比重。

二、中国省级制造业出口额的增加值来源

选取各部门中出口额最大的省份来分解其出口额。表 3-3 给出了 18 个制造业部门出口额最大的省份，以及对应的出口额中所含的本省增加值占比、其他省份增加值占比、国外增加值及重复计算部分占比。可见，制造业出口额最大的省份集中在珠三角和长三角。江苏的"金属冶炼和压延加工品"的出口额中所含的其他省份增加值占比最大，为 33.65%；浙江的"纺织品"的出口额中所含的本省增加值占比最大，为 58.43%；辽宁的"石油、炼焦产品和核燃料加工品"和广东的"通信设备、计算机和其他电子设备"所包含的国外增加值及重复计算部分占比可观。

表 3-3	制造业各部门出口额最大的省份		单位:%
制造业部门	出口额最大的省份	出口省内增加值率	出口其他省份增加值率	国外增加值和重复计算率
食品和烟草	山东	68.30	17.03	14.67
纺织品	浙江	58.43	24.93	16.64
纺织服装鞋帽皮革羽绒及其制品	广东	61.96	15.88	22.15
木材加工品和家具	广东	57.24	20.99	21.77
造纸印刷和文教体育用品	广东	49.99	17.95	32.06
石油、炼焦产品和核燃料加工品	辽宁	34.63	17.62	47.76
化学产品	江苏	54.94	22.35	22.71
非金属矿物制品	广东	56.49	21.84	21.67
金属冶炼和压延加工品	江苏	43.55	33.65	22.80
金属制品	广东	48.29	23.41	28.30
通用设备	广东	45.36	15.58	39.07
专用设备	广东	51.96	15.37	32.68
交通运输设备	江苏	50.26	26.22	23.52
电气机械和器材	广东	48.17	17.24	34.60
通信设备、计算机和其他电子设备	广东	53.08	5.59	41.33

续表

制造业部门	出口额最大的省份	出口省内增加值率	出口其他省份增加值率	国外增加值和重复计算率
仪器仪表	广东	51.73	10.24	38.04
其他制造产品	浙江	53.81	31.36	14.83
废品废料	广东	44.28	12.06	43.66

注：金属制品、机械和设备修理业的出口额为0，所以不考察它。

鉴于篇幅的限制，在此仅以浙江的"纺织品"，广东的"纺织服装鞋帽皮革羽绒及其制品""通信设备、计算机和其他电子设备"，江苏的"金属冶炼和压延加工品"为例分析出口增加值的来源。

浙江的"纺织品"出口额中来自本省的增加值占比为58.43%，来自国内其他省份的增加值占比为24.93%，其中主要是来自江苏、安徽、山西、陕西和河北，如图3-16所示。广东的"纺织服装鞋帽皮革羽绒及其制品"出口额中来自本省的增加值占比为61.96%，来自国内其他省份的增加值占比为15.88%，主要是来自江苏、浙江、上海、河南和河北，来自国外的增加值以及重复计算部分占了22.15%，如图3-17所示。广东的"通信设备、

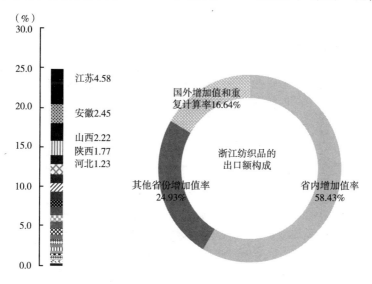

图3-16 2017年浙江纺织品部门出口额构成

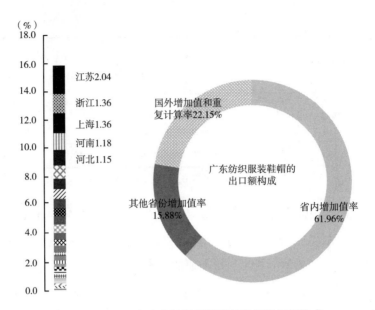

图 3-17　2017 年广东纺织服装鞋帽部门出口额构成

计算机和其他电子设备"出口额中来自本省的增加值占比为 53.08%，来自国外增加值及重复计算部分占 41.33%，来自国内其他省份的增加值仅占 6%，如图 3-18 所示。江苏的"金属冶炼和压延加工品"出口额中来自本

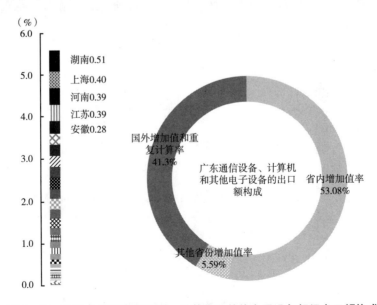

图 3-18　2017 年广东通信设备、计算机和其他电子设备部门出口额构成

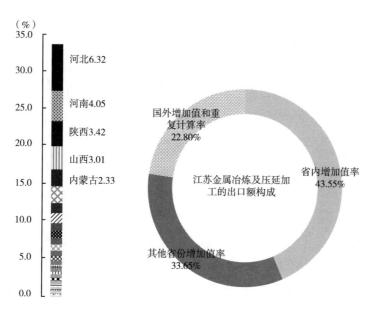

图 3 – 19　2017 年江苏金属冶炼和压延加工品部门出口额构成

省的增加值占比为 43.55%，来自国内其他省份的增加值占比为 33.65%，主要是来自河北、河南、陕西、山西和内蒙古，如图 3 – 19 所示。

可见，制造业出口额最大的省份集中在珠三角和长三角。珠三角和长三角的制造业除了与周边省份联系密切以外，和京津冀地区及其周边省份的联系也比较密切。与长三角相比，珠三角制造业与国内各省份的联系小于其与境外国家（或地区）的联系。

三、中国各省份制造业出口对我国其他行业的拉动作用

制造业是我国各省份出口的主要部门，它对其他部门的拉动作用不容小觑。在制造业巨大的出口额里面，一部分是制造业自身创造的增加值，一部分是制造业借助高度的产业关联效应，间接地带动的农业、采矿业以及生产性服务业等的增加值创造。也就是说，制造业出口不仅会拉动制造业自身的增加值创造，也会拉动我国其他部门的增加值创造，从而促进国民经济的发展。

(一) 各省份制造业出口对我国农业的拉动作用

1. 制造业出口对农业增加值的拉动作用较小

各省份制造业出口对农业增加值①都具有一定拉动作用，但作用较小。图 3-20 给出了各省份 2017 年制造业出口额中农业创造的增加值及其占比。从图中可见，各省份制造业出口额中或多或少都隐含着农业增加值，各省份平均为 2 599.45 百万美元，是各省份平均农业出口额的 7 倍多。但农业增加值在制造业出口额中的各省份均占比不大，大都小于 10%，平均约为 6%。内蒙古制造业出口对农业增加值的拉动作用比较突出，它的制造业出口额为 5 035.27 百万美元，其中有 14.88% 是由农业部门创造的增加值，共拉动 749.17 百万美元农业增加值。制造业出口对农业增加值的拉动作用最小的是重庆，它的制造业出口额排名全国第 11 名，为 37 804.12 百万美元，但只拉动了 407.27 百万美元的农业增加值，在出口额中的占比略高于 1%。

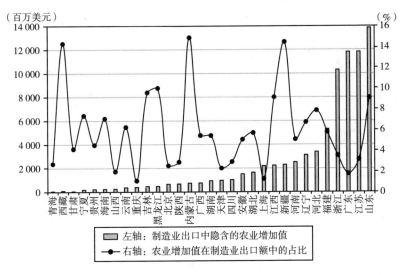

图 3-20　2017 年各省份制造业出口对农业增加值的拉动作用

---

① 本章利用省级数据来考察制造业出口对我国其他部门的拉动作用，因此，R 省份制造业出口拉动的 i 部门增加值是拉动的本省 i 部门增加值与拉动的国内其他省份的 i 部门增加值之和（注意：不包含拉动的其他国家的 i 部门增加值）。

2. 制造业各部门的出口对农业的拉动作用存在明显差异，制造业出口对农业的拉动作用集中在个别部门

制造业各部门的出口都带动了农业增加值的创造，但各部门对农业的带动作用存在较大差异，个别制造业部门的带动作用特别突出，而大部分制造业部门的带动作用较小。2017 年，整体制造业出口额中农业增加值占比的各省份均值虽然只有6%，但是分部门来看，"食品和烟草""纺织品""木材加工品和家具""纺织服装鞋帽皮革羽绒及其制品"这四个制造业部门却达到 10% 以上，这四个部门出口对农业的拉动作用占到制造业对农业拉动作用的 66%。尤其是"食品和烟草"，其出口额中农业增加值占比的各省份均值高达 28.55%。全国农业通过食品和烟草制造业的间接出口额为 16 600 百万美元，几乎接近农业的直接出口额。大多数制造业部门出口额中的农业增加值占比各省份均在 2% 以下，特别是"石油、炼焦产品和核燃料加工品"，仅有 0.9%。如图 3-21 所示。

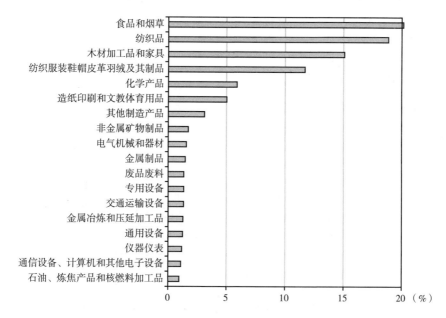

图 3 - 21　2017 年制造业各部门出口额中隐含的农业增加值占比

注：此处制造业各部门出口额中隐含的农业增加值占比是各省份均值。

（二）各省份制造业出口对我国采掘业的拉动作用

1. 制造业出口对采掘业增加值的拉动作用较大

相对农业而言，制造业出口对采掘业增加值的拉动作用较大。图3－22给出了2017年各省份制造业出口额中采掘业创造的增加值及其占比。从图中可见，各省份制造业出口额中隐含着较多的采掘业增加值，各省份平均为3 453.53百万美元，是各省份平均采掘业出口额的15倍多，这既说明制造业出口对采掘业较大的拉动作用，也说明我国能源矿产的出口渠道主要是经过深加工后的间接出口。采掘业增加值在制造业出口额中的占比大都在5%以上，平均约为6.5%。相对农业而言，制造业出口对采掘业的拉动作用较大。尤其是宁夏、河北、青海、甘肃和山西这些能源资源丰富的省份，拉动作用突出，制造业出口额中的采掘业增加值占比都超过10%，排在全国前五。宁夏制造业出口额中的采掘业增加值占比高达14.1%，2 614.1百万美元的制造业出口就拉动了368.7百万美元的采掘业增加值。河北、青海、甘肃和山西的制造业出口额中的采掘业增加值占比分别为12.66%、12.57%、11.06%和10.64%，制造业出口对采掘业增加值的拉动作用较为明显。

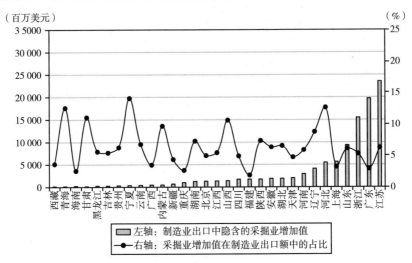

图3－22 2017年各省份制造业出口对采掘业增加值的拉动作用

2. 制造业各部门的出口对采掘业的拉动作用存在较大差异，制造业出口对采掘业的拉动作用集中在个别部门

制造业各部门的出口都带动了采掘业增加值的创造，但各部门对采掘业

的带动作用存在差异，对采掘业的拉动作用集中体现在个别部门。2017年，整体制造业出口额中采掘业增加值占比的各省份均值虽然只有6.5%，但是分部门来看，"石油、炼焦产品和核燃料加工品""金属冶炼和压延加工品""非金属矿物制品"这三个制造业部门却达到10%以上，如图3-23所示，这三个部门出口对采掘业的拉动作用占到制造业对采掘业拉动作用的近20%。尤其是"石油、炼焦产品和核燃料加工品"，其出口额中采掘业增加值占比的各省份均值高达26.97%。全国采掘业通过石油、炼焦产品和核燃料加工品制造业的间接出口额为4963.16百万美元，是采掘业直接出口额的7/10。

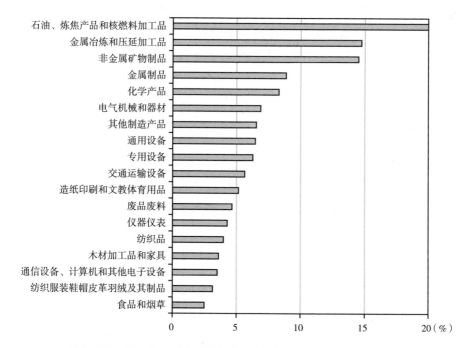

图3-23　2017年制造业各部门出口额中隐含的采掘业增加值占比

注：此处制造业各部门出口额中隐含的采掘业增加值占比是各省份均值。

（三）各省份制造业出口对我国服务业的拉动作用

1. 制造业出口对服务业增加值的拉动作用可观

制造业出口对服务业增加值的拉动作用较大。图3-24给出了2017年各省份制造业出口额中服务业创造的增加值及其占比。各省份制造业出口额中或多或少都隐含着服务业增加值，各省份均值为 10 483 百万美元，是各省份平均服务业出口额的 165 倍多。从相对量来看，所有省份制造业出口额中服务业创造的增加值所占比重都在 10% 以上，多数在 15% 以上，各省份均值接近 17%，比重较大。尤其是新疆，其 15 948.31 百万美元的出口额中隐含了 3 437.34 百万美元的服务业增加值，占制造业出口额的 21.55%；其次是贵州和安徽，制造业出口额中的服务业增加值分别占到了 21.37% 和 21.25%。有的省份服务业增加值在制造业出口额中所占比重虽然较小，但从绝对量来看，也显示出制造业出口对服务业的较强拉动作用。如广东，它的制造业出口拉动了 76 007.53 百万美元服务业增加值的创造，对服务业的拉动作用可见一斑。有的省份则是在相对量和绝对量上都显示出其制造业出口对服务业的较大拉动作用，如浙江，它的 291 635.7 百万美元出口额中隐含了 58 715.41 百万美元的服务业增加值，占到制造业出口额的 20.13%。

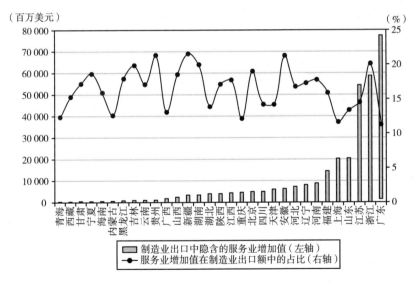

图 3-24　2017 年各省份制造业出口对服务业增加值的拉动作用

2. 制造业各部门的出口对服务业增加值的拉动作用差异较小

制造业各部门的出口对服务业增加值的创造都具有较大带动作用，且这种带动作用在各部门之间的差异较小。图 3-25 给出了 2017 年制造业各部门出口额中隐含的服务业增加值占比，各部门出口额中服务业增加值占比都在

13%以上，最小的是"食品和烟草"，它的出口额中所含服务业增加值占比为13.34%，带动了7 490.34百万美元的服务业增加值，是服务业直接出口额的3.8倍；最大的是"非金属矿物制品"，其出口额中所含服务业增加值为19.45%，带动了9 693.89百万美元的服务业增加值，是服务业直接出口额的近5倍。

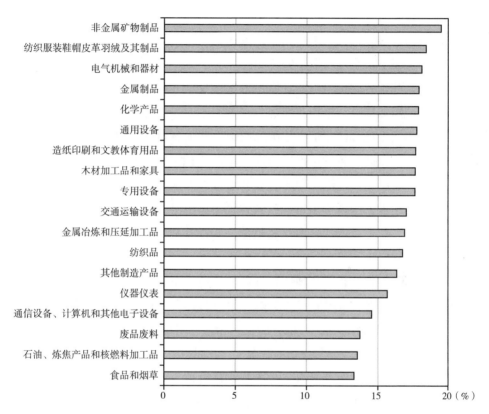

图3-25　2017年制造业各部门出口额中隐含的服务业增加值占比

注：此处制造业各部门出口额中隐含的服务业增加值占比是各省份均值。

综上，我国各省份制造业出口额中平均约有30%的增加值是由我国农业、采掘业和服务业所创造，这既说明制造业对其他部门的较强拉动作用，尤其是服务业，也说明制造业的出口生产不能独立完成，有赖于其他部门提供中间投入品和服务。

第五节　本章小结

在全球价值链分工不断深化的背景下，我国各省份的贸易愈加受到其他国家以及国内其他区域的影响，以贸易总值为基础的传统贸易统计方法已无法准确地反映出我国各省份贸易的实际情况，基于增加值的贸易核算方法更能反映贸易的实际情况。基于增加值贸易核算方法所得数据，从分析结果来看，我国省级出口呈现以下主要特征：

第一，我国各省份出口的价值并非全由本省创造，但对于多数省份而言，本省创造的增加值在其中占主要部分。事实上，我国各省份出口商品在生产过程中或多或少地都使用了其他国家或国内其他省份的原材料和零部件作为中间投入品，因此，各省份出口的价值并非完全由本省创造。

第二，省级出口的区域集中度较高。分四大区域来看，东部地区是我国出口的主要地区；分省份来看，我国省级出口也具有很强的集聚特征，主要集中于广东、江苏、浙江、山东和福建，五省占全部省份的出口省内增加值之和的73.80%。

第三，珠三角和长三角地区各省份的出口中所隐含的其他省份增加值的比重较低，且其他省份增加值主要来自其周边地区，而北京出口额中隐含了较大比重的其他省份增加值，且隐含的长三角地区增加值比重大于河北和天津，一定程度上反映出北京与长三角的联系比与其周边的天津和河北更紧密。

第四，绝大多数东部沿海省份参与全球价值链的程度较高，尤其是三大增长极地区，同时川渝地区在全球价值链中的参与程度也较高。

第五，东部省份的出口依存度最高，尤其是基于总值的出口依存度突出，而其他地区的省份的出口依存度相对较低，但是这些省份的基于总值的出口依存度大都小于基于增加值的出口依存度，这是因为中西部及东北地区主要是通过为沿海省份提供能源、原材料和初级产品等来间接参与全球价值链分工。

第六，制造业是我国出口的主力军，且其出口对其他行业的带动作用突出。

（执笔人：张红梅）

| 第四章 |

中国省际流出增加值核算的结果分析

第一节 引 言

1978年以来，随着我国逐步深化经济体制改革，尤其是党的十八届三中全会明确市场在资源配置中起决定性作用之后，国内市场一体化水平快速提升，各省份之间的贸易往来等经济联系日益紧密。随着我国基础设施的不断完善，以及2013年之后，"一带一路"建设、京津冀协同发展、长江经济带发展的推进，我国各省份之间经济联系进一步加强，省际贸易快速增长。在这样的背景下，有必要从全球价值链的视角出发，在综合考虑国内区域经济之间的价值链联系的基础上，来分析各省份之间的贸易联系等问题。

数据说明：本章基于拓展WWZ法（方法详见本书第二章）与2012年内嵌中国省际投入产出表的全球投入产出表，把我国2012年的31个省（区市）、14个行业[①]的省际流出额分解为省内增加值、国内其他省份增加值、国外增加值和重复计算部分，以摸清各省份的省际流出额中本省所创造的增加值、国内其他省份所创造的增加值、国外创造的增加值以及重复计算部分的大小。把省际流出中本省创造的增加值所占比重称为省际流出的省内增加值率（$PVAR_T$），同理得，省际流出的其他省份增加值率（$EVAR_T$）、国外增加值率（$FVAR_T$）和重复计算率（DR_T）。文中的"省际流出增加值"或"流出增加值"指的是各省份的省际流出额中本省所创造的增加值。

[①] 14个行业，即农业、采掘业、8个制造业（食品、纺织服装、石化、建材、金属冶炼及制品业、设备制造业、电气电子及仪表、其他制造业）、电气水、建筑业与2个服务业（生产流通服务业、其他服务业）。

第二节　基于增加值的中国省际流出的总体状况分析

一、中国各省份省际流出额的构成

中国各省份省际流出额的构成主要呈现以下特征：省际流出额并非全由本省创造，但本省创造的增加值在其中占主要部分。

事实上，我国各省份流出到其他省份的商品在生产过程中或多或少都使用了其他国家或国内其他省份的原材料和零部件作为中间投入品，因此，省际流出额并非完全由本省创造。从各省份均值来看，省际流出额中大约有 61% 是本省创造的增加值，约 15% 是其他省份创造的增加值，约 6% 是国外创造的增加值，还有约 17% 是重复计算的结果。如图 4 - 1 所示，对于所有省份而言，省际流出中本省创造的增加值所占比重都是最大的。所有省份的省际流出额中本省创造的增加值所占比重都在 35% 以上，同时除了上海、北京、安徽、广东、宁夏和海南之外，其他省份的省际流出额中的省内增加值率都在 50% 以上，湖北、四川、福建、山东、青海、吉林和湖南更是高达 70% 以上，分别为 78.83%、78.54%、75.22%、75.06%、72.97%、72.41%、70.97%。

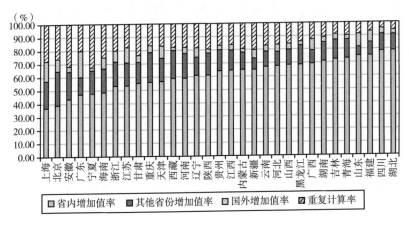

图 4 - 1　2012 年各省份省际流出的四部分构成

资料来源：笔者计算（无特殊说明的情况下，本章的数据来源均为笔者计算）。

从相对量来看，同省际流出额相比，各省份的省际流出中的省内增加值在全国的位次发生了变化。如表4-1所示，东部的天津、广东、北京和上海的位次有所下降，其他地区的广西、江西、重庆、安徽的位次有所下降，其余省份的位次要么持平，要么上升。这主要是由于国内贸易的溢出效应和中间品贸易带来的重复计算，也在一定程度说明传统的贸易统计方法所反映的国内贸易竞争力与实际的情况存在一定偏差。

表4-1　　　　　2012年中国各省份的流出额及其流出增加值

地区	流出额 （百万美元）	流出额 位次	流出增加值 （百万美元）	流出增加值 位次	变化	省内增加值率 （%）	省内增加值率 位次
湖北	117 514.73	19	92 635.28	16	↑	78.83	1
四川	101 166.94	23	79 452.55	22	↑	78.54	2
福建	108 993.99	21	81 984.89	20	↑	75.22	3
山东	230 247.16	10	172 815.52	8	↑	75.06	4
青海	19 268.06	30	14 060.75	30	—	72.97	5
吉林	111 933.85	20	81 053.06	21	↓	72.41	6
湖南	222 929.55	12	158 211.68	10	↑	70.97	7
广西	108 966.52	22	75 363.36	23	↓	69.16	8
黑龙江	160 938.29	15	110 110.84	14	↑	68.42	9
山西	126 376.23	18	86 344.14	18	—	68.32	10
河北	324 892.86	7	219 453.71	3	↑	67.55	11
云南	80 780.83	25	54 168.52	25	—	67.06	12
新疆	75 790.12	26	49 244.74	26	—	64.98	13
内蒙古	224 817.10	11	146 057.33	11	—	64.97	14
江西	133 066.41	17	85 863.10	19	↓	64.53	15
贵州	87 991.56	24	56 465.61	24	—	64.17	16
陕西	219 990.80	13	134 402.83	12	↑	61.09	17
辽宁	260 674.57	9	158 972.14	9	—	60.98	18

地区	流出额 （百万美元）	流出额 位次	流出增加值 （百万美元）	流出增加值 位次	变化	省内增加值率 （%）	省内增加值率 位次
河南	398 036.41	5	234 517.37	2	↑	58.92	19
西藏	10 445.09	31	6 149.90	31	—	58.88	20
天津	177 220.93	14	100 320.67	15	↓	56.61	21
重庆	157 225.72	16	88 005.34	17	↓	55.97	22
甘肃	74 175.92	27	41 010.05	27	—	55.29	23
江苏	629 876.90	1	336 872.80	1	—	53.48	24
浙江	343 156.53	6	182 723.07	4	↑	53.25	25
海南	63 613.64	28	30 823.96	28	—	48.45	26
宁夏	35 401.45	29	16 859.76	29	—	47.62	27
广东	274 587.57	8	129 005.74	13	↓	46.98	28
安徽	400 052.34	4	173 875.50	7	↓	43.46	29
北京	449 439.43	3	174 644.98	5	↓	38.86	30
上海	472 384.99	2	174 422.00	6	↓	36.92	31

注：变化是指各省份流出增加值全国位次相对于流出额的全国位次的变化情况，其中"↑"表示前者相较后者有所提升，"↓"表示前者相较后者有所下降，"—"表示不变。

二、中国各省份省际流出的空间格局

（一）四大区域层面的格局

分四大区域来看，东部地区[①]是省际贸易的主要流出地，且是主要的省际流入地区。

东部地区是省际贸易的主要流出地。无论是从省际流出额还是从省内增加值来看，东部地区均远高于其余地区。东部地区的省际流出额为 3 074 414.01 百万美元，占全国流出额的比重为 49.57%，为省际贸易的主体，中部地区

[①] 东部地区包括：北京、天津、河北、上海、江苏、浙江、福建、山东、广东和海南；中部地区包括：山西、安徽、江西、河南、湖北和湖南；西部地区包括：内蒙古、四川、重庆、贵州、西藏、云南、陕西、甘肃、青海、宁夏、新疆和广西；东北地区包括：辽宁、吉林和黑龙江。

省际流出额为 1 397 975.66 百万美元，占全国流出额的比重为 22.54%，
西部地区和东北地区的省际流出额分别占全国流出额的 19.28% 和 8.60%。
从省际流出额中的省内增加值来看，东部地区依然是省际贸易的主要流出
地，省际流出中东部创造的增加值占到全国的 45.21%，中部、西部和东
北地区分别为 23.45%、21.47% 和 9.87%（见图 4-2）。

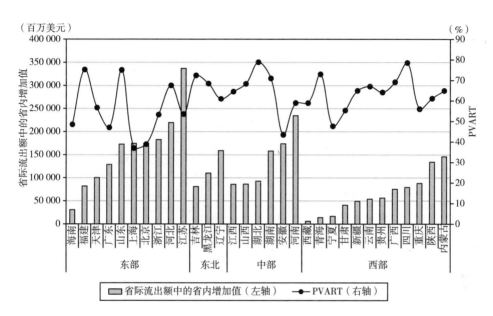

图 4-2　2012 年各省份省际流出额中的省内
增加值及省内增加值率

　　东部地区省际流出主要流入了东部地区，此外，中西部和东北地区省
际流出也主要流入了东部地区。从图 4-3、表 4-2 可见，东部地区省际
流出的增加值有将近一半被东部地区自身所吸收，为 701 938.77 百万美
元，占到东部总的省际流出增加值的 43.79%。东部地区流出到中部、西
部和东北地区的增加值分别为 408 074.46 百万美元、346 718.86 百万美元
和 146 335.27 百万美元，分别占 25.46%、21.63% 和 9.13%。不仅如
此，中部、西部和东北地区省际流出也主要流向了东部地区，三大地区
流入东部地区的增加值分别占到各自省际流出的 54.33%、47.92%
和 39.81%。

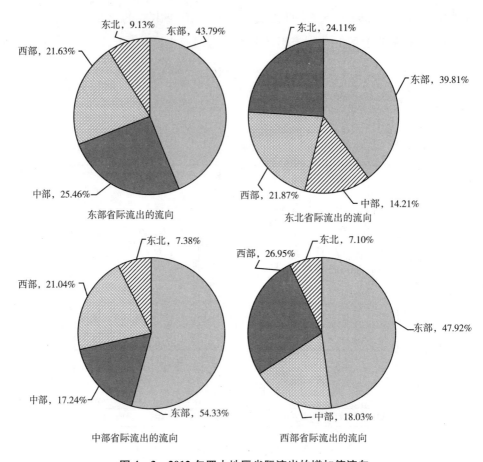

图 4-3　2012 年四大地区省际流出的增加值流向

表 4-2　　　　　2012 年各区域的流出额、流出增加值及其在全国的占比

区域	流出额 （百万美元）	占比 （％）	区域	流出增加值 （百万美元）	占比 （％）
东部	3 074 414. 01	49. 57	东部	1 603 067. 36	45. 21
中部	1 397 975. 66	22. 54	中部	831 447. 07	23. 45
西部	1 196 020. 11	19. 28	西部	761 240. 72	21. 47
东北	533 546. 71	8. 60	东北	350 136. 04	9. 87

（二）省级层面的格局

从省份结构来看，省际贸易具有很强的集聚特征。

从表 4-3 可以看出，省际流出具有很高的集中度。省际流出额中省内增加值排名前 5 位的省（市）分别为江苏、河南、河北、浙江和北京，它们的省际流出的增加值之和为 1 148 211.93 百万美元，占全国的 32.38%；排名在第 5～第 10 位的省（市）分别为上海、安徽、山东、辽宁和湖南，这 5 个省（市）的省际流出的增加值之和为 838 296.84 百万美元，占全国的 23.64%；前 10 位省（市）的省际流出的增加值之和为 1 986 508.77 百万美元，占全部省份的 56.02%。

表 4 - 3   2012 年基于增加值的省际流出集中度

地区	排序	在全国的占比（%）	地区	排序	在全国的占比（%）
江苏	1	9.50	上海	6	4.92
河南	2	6.61	安徽	7	4.90
河北	3	6.19	山东	8	4.87
浙江	4	5.15	辽宁	9	4.48
北京	5	4.93	湖南	10	4.46
前 5 位之和		32.38	前 10 位之和		56.02

三大增长极及其周边省份是主要的省际流入区域。如图 4 - 4 所示，省际流出额中省内增加值排名前 5 位的省（市），它们的省际流出的增加值主要流向了三大增长极地区及其周边省份。例如，江苏作为省际流出的增加值最大的省份，其省际流出的增加值主要流向了河南、上海、山东、北京和安徽，此五省（市）占江苏总流出增加值的 47.79%。河南省际流出的增加值主要流向了东部地区的江苏、上海、浙江、北京，中部的安徽，以及西部的重庆。河北省际流出的增加值主要流向了京津地区以及长三角地区，占河北省际流出的增加值的 45.22%。浙江流出到三大增长极及其周边地区的增加值占流出增加值的 62.39%。北京省际流出的增加值主要流向了河南、安徽、河北、辽宁，流向三大增长极及其周边地区的增加值也占到流出增加值的 42.89%。

三、中国各省份在国内价值链中的参与度

这里沿用胡梅尔斯等（Hummels etc.，2001）提出的垂直专业化指数来衡量我国各省份参与国内价值链的程度，该指数测度的是各省份省际流出中隐含的国内其他省份的流入价值。具体的测算公式如下：

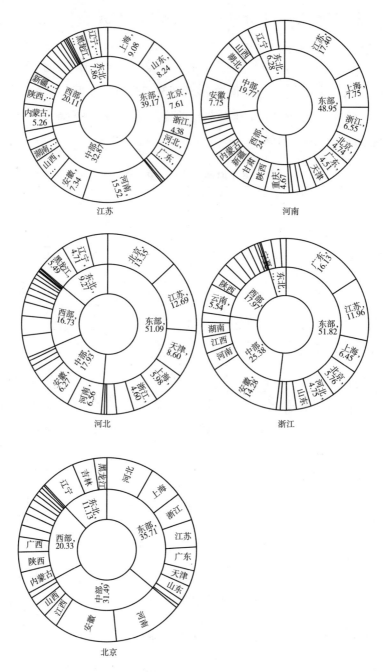

图 4 – 4　2012 年省际流出额中省内增加值排名前 5 位的省（市）

省际流出的增加值流向（单位：%）

$$VS_{\_DVC} = \frac{RVA + PDC}{DE} \qquad (4-1)$$

其中，$VS_{\_DVC}$是参与国内价值链的垂直专业化指数，RVA 和 PDC 分别表示国内某一省份省际流出包含的国内其他省份流入价值和由于中间品贸易带来的重复计算部分，DE 为省际流出额。通常认为$VS_{\_DVC}$水平越高，参与国内价值链分工的水平越深。

图 4-5 展示了 2012 年各省份在国内价值链中的参与程度，它表现出如下主要特征。

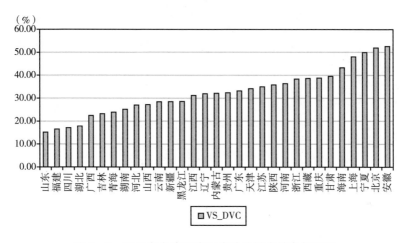

图 4-5 2012 年各省份在国内价值链中的参与程度

四大区域在国内价值链中的参与程度都较高，但相对而言，东部地区的参与度略高，东北最低。各省份平均来看，东部、中部、西部和东北在国内价值链中的垂直专业化指数都在 25% 以上，且除了东北为 27.95% 之外，东部、中部、西部均在 30% 以上，分别为 34.28% 、31.74% 、32.32% 。因此，东部沿海地区在国内价值链中的参与度最高，而东北最低，但东北地区的辽宁在国内价值链中的参与度也比较突出，垂直专业化指数为 31.99% 。

四、中国各省份的省际流出依存度

这一部分将从国内价值链来看各省份对其他省份市场的经济依存度，我们用基于增加值的省际直接流出依存度来表示，即省际流出额中所隐含的本省增加值占本省地区生产总值的比重。图 4 - 6 给出了各省份基于增加值的省际直接流出依存度和基于总值的省际流出依存度。

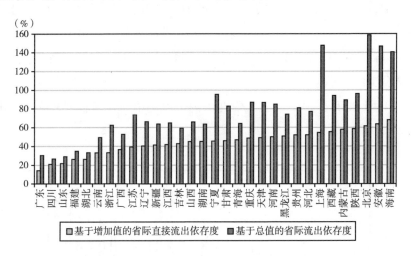

图 4 - 6 2012 年中国各省份的省际流出依存度

（1）基于增加值的省际直接流出依存度小于基于总值的省际流出依存度。平均来看，各省份基于增加值的省际直接流出依存度为 44.18%，比基于总值的省际流出依存度 76.87% 低 32.69 个百分点。从总值来看，一些省份对省际流出的依存度大于 100%，如北京、上海、安徽和海南，分别高达 158.68%、147.75%、146.72% 和 140.63%。但从增加值来看，所有省份对省际流出的依存度都小于 100%。造成这种差异的原因主要在于各省份流出产品中隐含了其他省份增加值和国外增加值，同时也有重复计算的部分。

（2）中西部地区省份对他省市场的经济依存度较高。从均值来看，中部、西部、东北和东部的基于增加值的省际直接流出依存度分别为 45.33%、45.26%、44.67% 和 42.06%，可见，中部和西部省份对他省份市场的经济依存度稍高。

五、中国各省份省际流出的产业结构

我国省际流出增加值的三次产业结构呈"二三一"格局。从图 4 - 7 可见，大多数省份的第二产业在省际流出增加值中所占比重最大，其次是第三产业，最后是第一产业。从各省份均值来看，第二产业在省际流出增加值中所占比重高达 71.07%，第三产业占 21.3%，而第一产业仅占 7.63%。可见，我国省际流出增加值的三次产业结构呈明显的"二三一"格局，第二产业是省际流出的主力军，而 IT、金融等一些可贸易服务业部门在省际贸易中的作用也不可小觑。从第二产业内部来看，制造业是省际流出的主要产业。制造业在省际流出增加值中所占比重的各省份均值高达 44.83%。

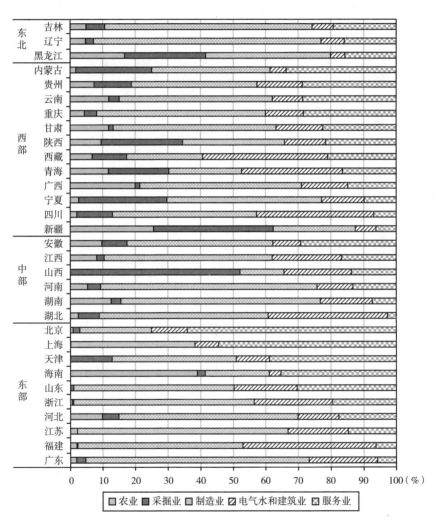

图 4-7　各行业在省际流出增加值中的占比

当然，并非所有省份省际流出增加值的产业结构皆呈现"二三一"格局。例如，海南省际流出增加值的产业结构为"一三二"格局，第一产业、第三产业和第二产业在省际流出增加值中的份额分别为38.97%、35.37%、25.66%；黑龙江、新疆省际流出增加值则是"二一三"格局，黑龙江省际流出增加值中第二产业的份额比第三产业大1个百分点左右，分别占16.77%和15.69%，新疆流出增加值中第一产业占比为25.59%，第三产业占比仅有6.23%；北京和上海省际流出增加值则是"三二一"格局，第三产业在这两市省际流出增加值中占比过半，分别为64.13%和54.5%。

第三节　中国农业省际流出增加值分析

一、农业省际流出总体情况

农业在基于增加值的省际流出额中所占的比重与基于总值的省际流出额中的比重均较小，但相比而言，前者稍大。从增加值来看，农业在省际流出额中所占比重的各省份均值不大，为7.63%。但其相对于基于总值的占比（5.86%）大1.8个百分点，各省份的情况也如此（见图4-8）。其原因在于，相较于许多部门而言，农业的生产环节较少，且其生产不需要使用太多其他行业、其他地区或国家的中间投入，因此农业流出额中自身创造的增加值较大，从而农业在基于增加值的流出额中的比重大于总值角度的比重。同时，无论是总值还是增加值，农业在省际流出中的比重都相较农业在出口中的比重大许多，表明我国农业在国内市场的活动更频繁，发挥的作用更大。

从基于增加值的省际流出额的省份结构来看，农业省际流出的集中度很高。基于增加值的农业流出额排全国第一的是河北，为21 628.9百万美元，占到全国省际流出总额的10.66%。基于增加值的农业流出额排在前五位省份分别为河北、湖南、黑龙江、安徽和广西，其基于增加值的农业省际流出总额为91 971.3百万美元，占全国省际流出总额的45.33%。

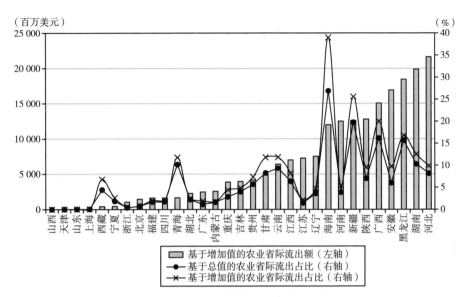

图 4 – 8　2012 年各省份基于增加值的农业省际流出额及其占比

注：占比是指农业在基于增加值的省际流出额中所占比重。

二、重要省份的农业流出增加值的流向

所有省份中，河北基于增加值的农业省际流出额最大，海南的农业在其基于增加值的省际流出中所占比重最大（高达 38.97%），因此选择这两个省份来具体分析其农产品的流出增加值情况。

图 4 – 9 刻画了河北农业流出到其他省份的增加值情况。可见，河北流出的农产品流入了全国多数省份，且主要流入到东北三省、内蒙古以及长三角

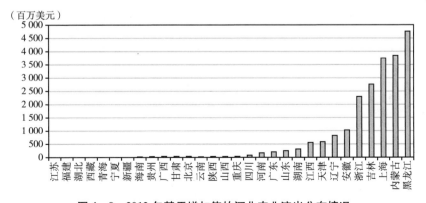

图 4 – 9　2012 年基于增加值的河北农业流出分布情况

及其周边地区，而非北京和天津。

海南流出到我国大陆其他地区的农产品非常集中地流入了三大城市群及其周边部分省份，尤其是山东，占到了整个海南流出到大陆其他地区农产品的 96.7%，相当可观。

第四节 中国制造业省际流出的增加值分析

一、制造业省际流出总体情况

制造业流出增加值在所有行业流出增加值中所占的比重较大，但该比重相对制造业流出额在所有行业流出额中的比重较小。如图 4-10 所示，从各省份均值来看，制造业流出增加值在所有行业流出增加值中所占比重高达44.83%，近乎半数，但是它比基于总值所计算出来的占比（50.93%）要少6 个百分点。从单个省份来看，结果也大致如此。其原因在于，相较于许多部门而言，制造业的生产环节较多，且其生产需要使用较多的其他行业、其他地区或国家的中间投入，因此制造业流出额中隐含了较多其他省份、其他国家的增加值，从而制造业在省际流出增加值中的比重要小于总值角度的比重。

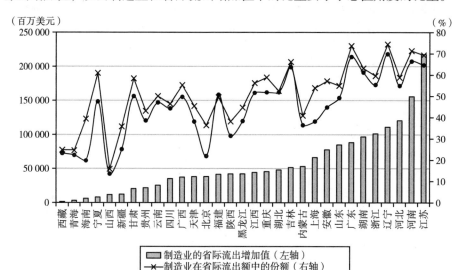

图 4-10　2012 年制造业在省际流出额、流出增加值中的份额

制造业省际流出的集中度较高，集中于部分省份，尤其是东部省份。制造业省际流出增加值排名全国第 1 的是江苏，为 217 816.4 百万美元，占全国制造业省际流出增加值的 12.45%。制造业流出增加值排在前 5 位的省份分别为江苏、河南、河北、辽宁、浙江，它们的制造业流出增加值总和为 706 436.6 百万美元，占全国制造业省际流出增加值的 40.39%。排名前 10 位的省份的制造业流出增加值总和为 1 121 006 百万美元，占全国制造业省际流出增加值的 64.09%。而这前 10 位中有 6 个省份属于东部地区，可以说东部地区是制造业省际流出增加值的主要地区，整个东部地区占全国制造业省际流出增加值的 45.95%。

二、重要省份的制造业流出增加值的流向

所有省份中，江苏的省际流出增加值最大，辽宁的制造业在省际流出增加值中所占比重最大（高达 69.82%），因此，选择这两个省份来具体分析其制造业产品的流出增加值情况。

图 4-11 和图 4-12 分别刻画了江苏和辽宁制造业流出增加值的流向情况。可见，江苏和辽宁制造业流出增加值流向了各个省份，且都具有邻近效应。

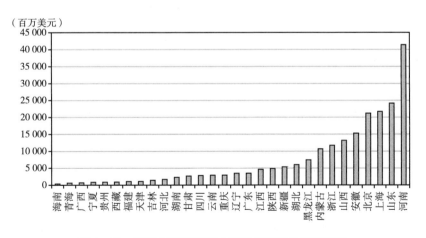

图 4-11　2012 年江苏制造业流出增加值的流向情况

江苏制造业产品主要流入到其相邻省份以及北京、山西、内蒙古、新疆和黑龙江，构成 T 形的地理分布态势。整个 T 形上的省份占到江苏制造业流

（百万美元）

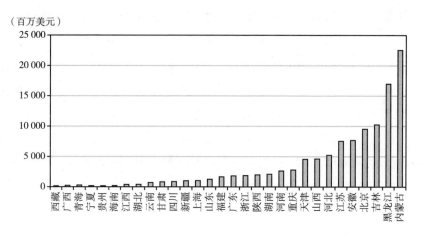

图 4-12　2012 年辽宁制造业流出增加值的流向情况

出增加值的 81.8%。其中，上海、浙江、安徽、河南和山东占了 52.48%；北京占了 9.7%。

辽宁流出到我国大陆其他地区的制造业产品集中地流入了周边省份以及长三角及其周边省份，构成 C 形的地理分布态势。整个 C 形上的省份占到辽宁制造业流出增加值的 82.6%。其中，内蒙古、黑龙江、吉林、北京、天津、河北占了 62.32%；长三角及其周边的江苏和安徽占 13.73%；河南和山西占 6.5%。

三、制造业流出增加值的行业特征

制造业分为劳动密集型制造业、资本密集型制造业和技术密集型制造业。劳动密集型制造业包括食品制造业、纺织服装业；资本密集型制造业包括石化、建材、金属冶炼及制品业；技术密集型制造业包括设备制造业、电气电子及仪表。

图 4-13 给出了各省份各制造业部门在省际流出增加值中的占比。根据该比重，将所有省份划分为三类：第一类是劳动密集型制造业流出省份，包括黑龙江、福建；第二类是资本密集型制造业流出省份，包括山西、海南、青海、西藏、新疆、山西、内蒙古、贵州、云南、宁夏、山东、广西、甘肃、江西、河北、河南、广东、辽宁；第三类是技术密集型制造业流出省份，包括江苏、重庆、上海、浙江、四川、湖北、天津、安徽、北京、湖南、吉林。

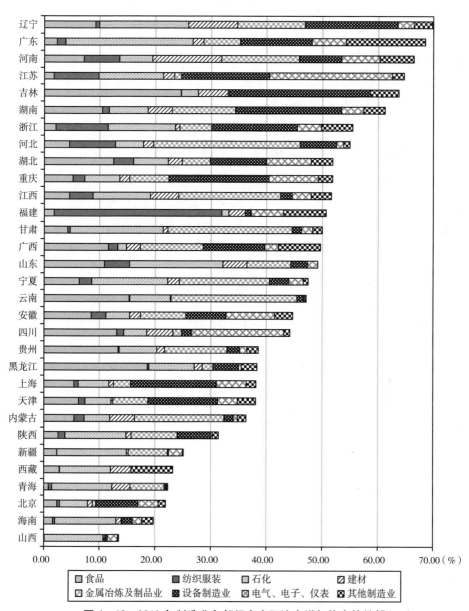

图 4 - 13 2012 年制造业各部门在省际流出增加值中的份额

注：图中从左到右依次为食品、纺织服装、石化、建材、金属冶炼及制品业、设备制造业、电子电气仪表业和其他制造业在各省份省际流出增加值中的份额。

可见：（1）制造业省际流出增加值中，资本密集型制造业在我国大多数省份中占主导地位，包括 18 个省份；（2）以技术密集型制造业为主的省份也较

多，有 11 个，其中东部占了 5 个，西部的重庆和四川的技术密集型制造业省
际流出增加值比重也较大；（3）以劳动密集型制造业为主的省份只有黑龙江
和福建，黑龙江的食品制造业在省际流出增加值中占到 18.63%，是黑龙江
省际流出的主要制造业部门，福建的纺织服装在其省际流出增加值中占到
30.11%，是福建省际流出的主要制造业部门。

第五节　本章小结

1978 年以来，随着我国逐步深化经济体制改革，尤其是党的十八届三中
全会明确市场在资源配置中起决定性作用之后，我国各省份之间的贸易往来
等经济联系日益紧密。同时，省际贸易深受全球价值链分工的影响。在这样
的背景下，有必要从全球价值链的视角出发，在综合考虑国内区域经济之间
的价值链联系的基础上，来分析各省份之间的贸易联系等问题。本章基于省
际贸易增加值数据（主要是省际流出增加值数据），得出我国省级贸易具有
以下主要特征。

第一，我国各省份省际流出额并非全由本省创造，但本省创造的增加值
在其中占主要部分。我国各省份流出到其他省份的商品在生产过程中或多或
少都使用了其他国家或国内其他省份的原材料和零部件作为中间投入品，因
此，省际流出额并非完全由本省创造。从各省份均值来看，省际流出额中大
约有 61% 是本省创造的增加值。

第二，我国省际贸易的区域集中度较高，但相对省级出口的区域集中度
较低。分四大区域来看，东部地区是省际贸易的主要流出地，且是主要的省
际流入地区。分省来看，省际流出额中省内增加值排名前 5 位的省份分别为
江苏、河南、河北、浙江和北京，它们的省际流出的增加值之和占全国的
32.38%，相对省级出口的集中度较低。

第三，四大区域在国内价值链中的参与程度都较高，但相对而言，东部
地区的参与度略高，东北部地区最低。

第四，各省份基于增加值的省际直接流出依存度小于基于总值的省际流
出依存度，平均来看，各省份基于增加值的省际直接流出依存度为 44.18%，
比基于总值的省际流出依存度 76.87% 低 32.69 个百分点。并且中西部地区

对省际流出的依存度较高，即对国内他省份市场的依存度较高。

第五，我国省际流出增加值的三次产业结构呈"二三一"格局，从各省份均值来看，第二产业在省际流出增加值中所占比重高达 71.07%，第三产业占 21.3%，而第一产业仅占 7.63%。从第二产业内部来看，制造业是省际流出的主要部门。制造业在省际流出增加值中所占比重的各省份均值高达 44.83%。

（执笔人：张红梅）

| 第五章 |
出口省内增加值率与经济发展水平

第一节 引　　言

自 20 世纪 80 年代以来，经济全球化进程步入新阶段，以生产过程不断细化为特征的全球价值链分工逐渐成为全球组织生产的重要形式。一件产品的生产往往是由多个国家参与完成，如韩国三星就需向全球约 2 500 个供应商进口零部件来完成手机的生产。可以说，全球价值链的快速发展改变了世界经济格局，也改变了国家间、区域间的贸易形式。20 世纪 80 年代，全球国际贸易总量中有 70% 左右是成品贸易。但是到 2010 年，这个比例下降到 40% 左右，而中间品贸易上升到了 60%；2018 年，中间品贸易所占比重进一步升至 70% 以上。在这样的背景下，不仅贸易的形式发生了变化，贸易统计方法也随之发生了变化。基于贸易总值的传统贸易统计方法难以真实反映参与者在全球价值链分工中的价值创造和利益分配，从而出现了基于增加值的新贸易核算方法，它能更真实地反映贸易情况，并得到了贸易领域的学者和政策制定者的广泛认可，如世界贸易组织前总干事拉米（2011）就建议使用贸易增加值来衡量世界贸易。

随着出口由初级产品向制造业产品以及服务过渡，由新贸易核算方法核算出来的出口国内增加值率[①]在许多发展中国家出现下降趋势，而成为这些发展中国家的政策制定者的担忧，并因此鼓励提高出口国内增加值率，似乎出口国内增加值率越大就意味着出口中的本国增加值越大以及能创造更高的GDP。然而，现实中，出口国内增加值率受众多因素的影响，是否越高越好，

---

① 出口国内增加值率是出口额中本国创造的增加值所占比重。

还有待研究。

　　对于中国整体及各省份而言，融入全球价值链是改革开放以来经济快速发展的主要经验之一。同时由于资源禀赋、地理位置等的差异，我国各地区在价值链中的参与方式、分工位置、所处环节等存在差异，这些差异使得各个地区出口中所隐含的增加值具有不同特征。鉴于此，本章运用中国省级数据，通过研究不同省份出口省内增加值率①与发展水平之间的关系，来探讨是否能把高出口省内增加值率作为政策目标的问题，为各省份贸易高质量发展的指标选择提供一定的参考。我们的主要结论如下：对于一个省份整体而言，出口省内增加值率越高并不意味着发展水平越高、结构越优化，我们不能将高出口省内增加值率，抑或是高出口国内增加值率作为政策目标。之后的结构安排如下：第一部分对现有文献进行梳理；第二部分对省级贸易增加值核算方法及数据基础进行说明；第三部分从四个方面层层深入地探讨高出口省内增加率能否作为政策目标这一问题；第四部分为结论与政策启示。

　　本章与以下三方面文献相关：

　　一是关于国内区域贸易增加值研究的数据基础。一些研究的数据基础是中国区域间投入产出表，如苏庆义（2016）仅考虑中国内部区域间的调入调出关系，将跨国进出口视为外生。一些研究的数据基础是内嵌中国区域间投入产出表的全球投入产出表。如李跟强和潘文卿（2016）将国内价值链与全球价值链进行整合与统一，从垂直专业化生产、增加值供给偏好和区域再流出三个维度考察了中国各区域嵌入全球价值链的模式；孟渤等（2013）使用国家信息中心编制的 2007 年八区域投入产出表、WIOT（world input-output table）数据以及分省份海关进出口统计数据编制了 2007 年嵌入中国区域的全球投入产出表；倪红福和夏杰长（2016）为了研究国内区域在全球价值链中的作用，编制嵌入中国区域投入产出表的全球投入产出表，该表使用国家信息中心编制的 1997 年、2002 年、2007 年中国区域间投入产出表以及对应年份的 WIOT，以中国区域间投入产出表的总量数据作为控制数编制而成。

　　① 出口省内增加值率是出口额中本省创造的增加值所占比重。我们使用的是各省份出口省内增加值率而非各省份出口国内增加值率，是由于后者包含了各省份出口中隐含其他省份创造的增加值所占比重，而非本省独自创造的增加值所占比重。

二是关于国内区域出口的增加值分解方法。增加值分解方法最初用于国家层面贸易增加值的分解，相关方法较多，如 KPWW 法（Koopman et al.，2010）、JN 法（Johnson and Noguera，2012）、KWW 法（Koopman et al.，2014）、WWZ 法（Wang et al.，2013）。随着对国内价值链的关注，有学者开始基于 KWW 法和 WWZ 法等探究国内区域层面贸易增加值的分解。例如，苏庆义（2016）将 KWW 法引申到国家内部地区层面，建立了分解一国内部地区出口增加值的框架。李跟强和潘文卿（2016）从增加值流转的视角，基于中国区域间投入产出表对国内各区域之间的贸易进行了增加值分解。

三是关于国内区域出口分解结果及其分析。孟渤等（2013）分析了增加值是如何在国内和国际间进行的分配。苏庆义（2016）研究了国内各省（区市）出口价值来源，得出：各省份出口价值主要来源于本地，各省份经济发展水平和本地增加值份额及国际垂直专业化份额分别呈很强的负相关和正相关关系。李跟强和潘文卿（2016）研究指出国内各区域在 1997～2007 年逐渐由内向型垂直专业化转向外向型垂直专业化生产，内陆区域存在明显的邻近"向极性"增加值供给偏好，中国各区域的增加值纯粹重复比例在加入 WTO 后有明显上升。倪红福和夏杰长（2016）研究了中国八区域的出口增加值构成。潘文卿和李跟强（2018）发现中国各区域参与国内价值链的增加值收益高于参与全球价值链部分，且内陆地区与沿海地区参与特征有所差异。

综上，目前已有学者对国内区域层面的出口增加值核算进行了研究，但缺乏中国区域层面的出口增加值率与发展水平关系的研究。与现有文献相比，本章的主要贡献在于：基于 2012 年内嵌中国省际投入产出表的全球投入产出表核算得到的省级出口增加值数据，首次探讨中国省级层面的出口增加值率与发展水平关系，回答高出口省内增加值率是否能作为政策目标，为各省份向全球价值链中高端攀升的路径选择和贸易高质量发展指标体系的构建等提供一定参考。

第二节　数据说明

基于拓展的 WWZ 法和内嵌中国国内省际投入产出表的全球投入产出表，将我国 31 个省（区市）和 14 个行业的出口额分解为四大部分，即本省增加值、国内其他省份的增加值、国外增加值和重复计算部分。本省创造的增加值所占比重称之为出口省内增加值率（$PVAR_E$），同理得，出口的其他省份增加值率（$EVAR_E$）、国外增加值率（$FVAR_E$）和重复计算率（DR_E）。

从分解结果来看，首先，多数省份的出口额中本省创造的增加值占主要部分。如图 5-1 所示，整体而言，出口省内增加值率最大，其次是国内其他省份增加值率，而后是国外增加值率，最后是重复计算率。多数省份出口省内增加值率都在50%以上，湖北、四川、山东、福建、吉林和湖南更是高达70%以上，分别为79.8%、77.7%、75.2%、74.7%、74.3%和70.8%。其次，多数省份出口的国内其他省份增加值率在24%左右，但也有少数省份出口中隐含的国内其他省份的增加值较大，有的甚至超过其自身创造的增加值。如安徽、宁夏、北京、上海和重庆的国内其他省份增加值率分别为42.3%、38.5%、38.1%、35.6%和32.8%。其中，上海、北京和安徽三个省（市）出口国内其他省份增加值率比省内增加值率分别大6.9%、6.5%、1.3%。再次，各省份出口的国外增加值率在11%左右，出口的国外增加值率排前5位的省（市）是广东、上海、海南、北京和天津，其出口的国外增加值率分别为28.2%、26.0%、23.2%、19.8%和18.7%。最后，各省份重复计算率在6%左右，排在前5位的是宁夏、北京、上海、海南、甘肃，其重复计算率分别为11.2%、10.3%、9.7%、9.3%和8.9%。

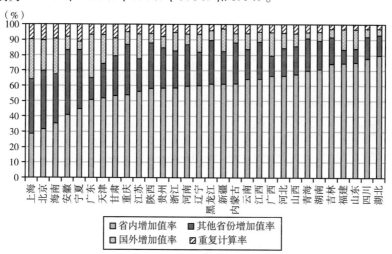

图 5-1 2012 年中国各省份出口额的四部分构成

资料来源：笔者计算。

第三节　出口省内增加值率与发展水平的关系

本章运用中国省级数据来回答高出口省内增加值率能否作为政策目标这个问题,我们的结论是不能把高出口省内增加值率作为政策目标。假设高出口省内增加值率能作为政策目标,那么在很大程度上意味着,出口省内增加值率需要与发展水平存在较强的线性相关关系。因此,本章从出口省内增加值率与发展水平的关系入手,从四个方面层层深入地给出不能把高出口省内增加值率作为政策目标的理由,即首先探究各省份整体的出口省内增加值率与发展水平的关系,然后剖析各行业出口省内增加值率与发展水平的关系以及行业间出口省内增加值率差异,最后运用结构分解法对各省份间的出口省内增加值率差异的成因(即各省份整体的出口省内增加值率与发展水平相关性不强的原因)进行分析。

一、各省份整体出口省内增加值率与发展水平的关系

以各省份人均地区生产总值①表示各省份发展水平,绘制其与各省份出口省内增加值率的散点图和拟合曲线,如图 5 – 2 所示。可以看出,发展水平与出口省内增加值率之间并没有明显的线性正相关关系,并非发展水平越高,出口省内增加值率就越高。例如,江苏人均地区生产总值已经达到青海的 2倍左右,但其出口省内增加值率却比青海低约 15 个百分点。整体来看,我国各省份出口省内增加值率与发展水平呈倒 U 形关系,即随着发展水平的提升,出口省内增加值率先上升、再下降。

根据目前各省份的发展水平与出口省内增加值率,可以把全部省份分成四类:第一类发展水平较低、出口省内增加值率较高,我国约一半省份都属于这类,尤其是中西部和东北地区的省份;第二类发展水平较高、出口省内增加值率也较高,包括山东、福建、辽宁、浙江、江苏和内蒙古 6 省(区),多数属于东部地区;第三类发展水平较低、出口省内增加值率也较低,包括安徽、海南、宁夏、重庆和甘肃 5 省(市),都属于中西部地区;第四类发

———————————

① 需要强调的是,本章中各省份人均地区生产总值均为 2012 年水平。

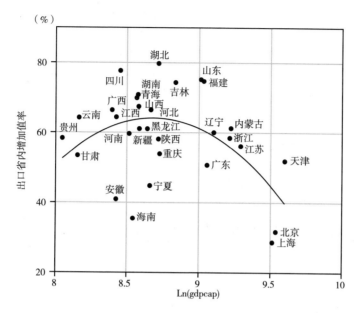

图 5 - 2　出口省内增加值率与发展水平关系

注：国内各省份人均地区生产总值数据来源于中经网。

资料来源：笔者计算。

展水平较高、出口省内增加值率较低，包括北京、上海、广东和天津 4 省（市），都属于东部地区。

　　单从各省份整体出口省内增加值率与发展水平的关系来看，我们就不能把高出口省内增加值率作为政策目标。出口省内增加值率高并不意味着发展水平就高。如表 5 - 1 所示，在四大区域中，我国发展水平最高的东部地区的出口省内增加值率反而最小，为 52.9%，也就是东部地区出口额中自身创造的增加值占比最小，而东北、中部和西部地区出口额自身创造的增加值占比分别为 65.2%、63.8% 和 55.8%。改革开放以来，我国逐步打开国门，尤其是东部地区，越来越多地参与到国际生产和国际贸易当中，与外部世界形成了较紧密的经济联系，成了我国出口的主要窗口。同时为了弥补资源的不足，东部地区的生产依赖于中部、西部和东北地区的资源供应，从而与它们形成了紧密的贸易联系。因而，虽然东部地区发展水平最高、出口总额最大，但省内增加值率较低，其出口产品的增加值有很大部分是国内其他省份与国外创造的。

表5-1 四大地区出口省内增加值及省内增加值率

项目	东部	东北	中部	西部
出口省内增加值总额（百万元）	6 083 873.9	244 419.4	458 972.4	479 657.8
占全国的比重（%）	83.7	3.4	6.3	6.6
省均出口省内增加值（百万元）	608 387.4	81 472.9	76 495.5	39 971.4
人均出口省内增加值（元）	11 822.1	2 227.7	1 277.7	1 316.8
省出口省内增加值率（%）	52.9	65.2	63.8	55.8

资料来源：笔者计算。

二、各行业出口省内增加值率与发展水平的关系

与各省份整体的出口省内增加值率类似，各行业的出口省内增加值率与发展水平也不存在正相关关系。多数行业出口省内增加值率与发展水平之间呈明显的 U 形关系（见图 5-3~图 5-11），即随着发展水平的提升，多数行业出口省内增加值率呈现先下降、后上升的变化趋势。

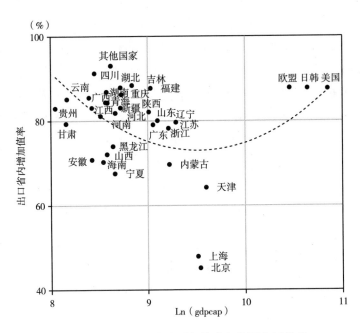

图 5-3 农业出口省内增加值率与发展水平关系

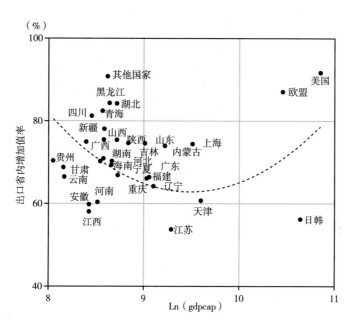

图 5-4　采掘业出口省内增加值率与发展水平关系

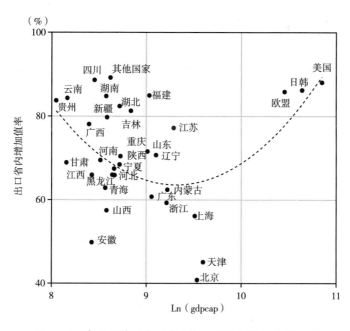

图 5-5　食品制造业出口省内增加值率与发展水平关系

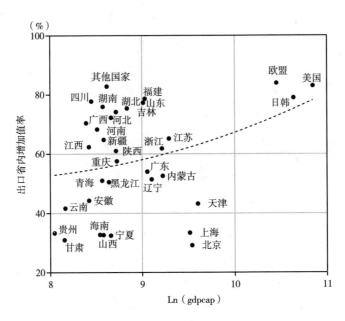

图5-6 纺织服装制造业出口省内增加值率与发展水平关系

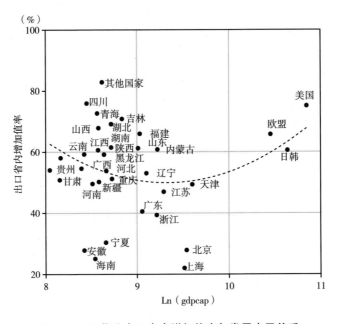

图5-7 石化业出口省内增加值率与发展水平关系

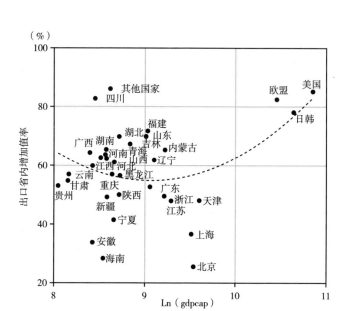

图 5 - 8 建材业出口省内增加值率与发展水平关系

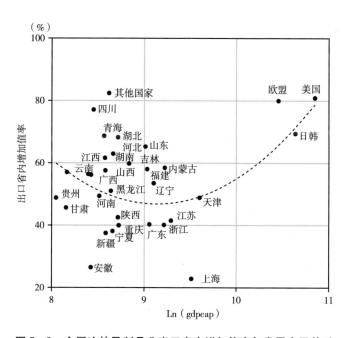

图 5 - 9 金属冶炼及制品业出口省内增加值率与发展水平关系

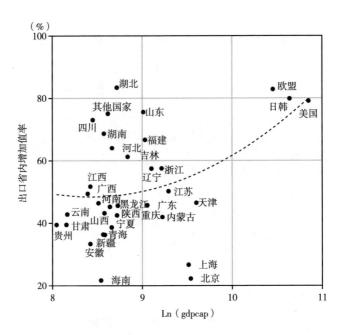

图 5-10 设备制造业出口省内增加值率与发展水平关系

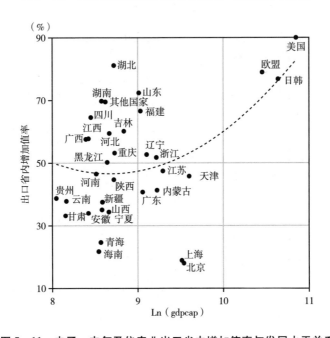

图 5-11 电子、电气及仪表业出口省内增加值率与发展水平关系

这里以金属冶炼及制品业为例予以说明。如图5-9所示，湖南金属冶炼及制品业的出口省内增加值率为61.6%，江苏只为41.5%，比前者低20个百分点。而从发展水平来看，江苏的人均地区生产总值已经接近湖南的2倍。一般而言，发展水平较低的地区，金属冶炼及制品业不需要太多的加工，也不需要进口太多的中间投入品，因而出口省内增加值率较高。随着生产的发展，该行业参与全球价值链分工的程度将不断提升，承担价值链分工中的环节也越来越细化，更多地生产中间产品，更多地利用中间产品进行再加工，从而其出口省内增加值率不断下降。但是，随着发展水平的进一步提升，金属冶炼及制品业将逐渐向全球价值链中高端环节升级，生产的产品质量也更高，因而附加价值也更高，出口省内增加值率也会随之不断提升。因此，美国金属冶炼及制品业出口额中自身创造的增加值比重就比湖南的高。

三、行业间出口省内增加值率的差异

本部分将从行业间出口省内增加值率的差异入手，挖掘出口产品结构升级的过程中，出口省内增加值率的变化特征。根据各行业31个省份的数据，绘制各行业出口省内增加值率的箱形图（见图5-12），得到行业间出口增加值率呈现出以下特征。

一是农业和服务业比工业的出口省内增加值率高。图5-12给出了不同行业的出口省内增加值率的地区最高值、最低值和均值等。图中从左到右依次是农业、第二产业（采掘业、制造业、电气水、建筑业）和服务业。可以看出，不同行业之间的出口省内增加值率呈现出"U形"的分布态势。具体来看，在14个行业中，排在"两侧"的农业和服务业的出口省内增加值率均值较高，且以农业最高，达到78.0%，生产流通服务业和消费公共服务业的出口省内增加值率略低于农业，分别为77.7%和76.4%；而排在"中间"的采掘业、制造业、电气水和建筑业的出口省内增加值率均值相对较低，且制造业、电气水和建筑业大幅低于其他行业，其出口省内增加值率均值都在54%左右。从整体来看，农业和服务业比工业的出口省内增加值率高。

二是劳动密集型比资本密集型制造业的出口省内增加值率高，资本密集

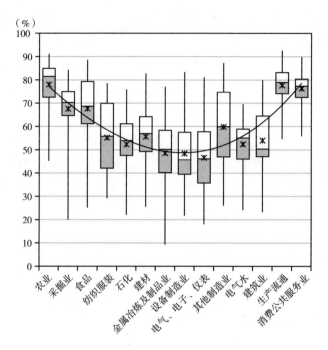

图 5 - 12　各行业出口省内增加值率箱形图

注：① 图中行业排序是按照国民经济行业分类目录顺序展开。② 图中的 U 形曲线是根据各行业出口省内增加值率的均值拟合而成。

资料来源：笔者计算。

型比技术密集型制造业的出口省内增加值率高。① 从制造业内部来看，各行业出口省内增加值率也存在很大差异。劳动密集型制造业出口省内增加值率最高，食品制造业和纺织服装业的出口省内增加值率分别为 67.7% 和 55.2%；资本密集型制造业出口省内增加值率次之，基本都在 50% 左右；而技术密集型制造业出口省内增加值率最低，设备制造业和电气电子及仪表制造业的出口省内增加值率分别只有 48.5% 和 46.6%（见表 5 - 2）。整体而言，劳动密集型比资本密集型制造业的出口省内增加值率高，资本密集型比技术密集型制造业的出口省内增加值率高。

---

　　① 根据要素投入情况，制造业可以划分为劳动密集型、资本密集型和技术密集型三大类型。本章的劳动密集型制造业包括食品制造业、纺织服装业；资本密集型制造业包括石化、建材、金属冶炼及制品业；技术密集型制造业包括设备制造业、电气电子及仪表。

表 5-2　　　　　　　　制造业各行业的出口省内增加值率

行业	出口省内增加值率（%）	制造业类型
电气、电子、仪表	46.6	技术密集型
设备制造业	48.5	技术密集型
金属冶炼及制品业	48.6	资本密集型
石化	52.3	资本密集型
纺织服装	55.2	劳动密集型
建材	55.6	资本密集型
食品	67.6	劳动密集型

注：此处各行业出口省内增加值率是各省该行业出口省内增加值率的均值。
资料来源：笔者计算。

　　因此，随着一个地区的经济发展，出口由初级产品向制造业产品以及服务业过渡，出口省内增加值率并非呈现线性变化，而是呈现先下降后上升的变化趋势。但行业的出口省内增加值率较低并不意味着该行业的出口省内增加值就低。如表 5-3 所示，在全国出口省内增加值总额中，出口省内增加值率较低的制造业占比高达 71.8%，而出口省内增加值率较高的服务业仅占 26.2%，农业和采掘业更是仅占 1.3%。出口省内增加值总额排在前 5 位的行业依次为"生产流通""电气、电子及仪表""纺织服装""设备制造业""石化"（分别占全国的 24.6%、24.5%、13.1%、11.5%、7.0%），共占全国的 80.8%，且除了生产流通外，均为制造业行业。

表 5-3　　　　　　　各行业 2012 年出口省内增加值总额

行业	出口省内增加值总额（百万元）	占全国的比例（%）
电气水	8 977.3	0.1
采掘业	36 588.0	0.5
建筑业	39 106.5	0.6
农业	58 293.8	0.8
其他服务业	116 150.7	1.6
建材	127 497.4	1.8
食品	195 494.6	2.7
其他制造业	385 936.4	5.4

行业	出口省内增加值总额（百万元）	占全国的比例（%）
金属冶炼及制品业	409 467.8	5.7
石化	50 1371.2	7.0
设备制造业	825 668.5	11.5
纺织服装	938 162.6	13.1
电气、电子、仪表	1 752 316.5	24.5
生产流通	1 759 650.1	24.6

注：各行业出口省内增加值总额即 31 个省（区市）该行业的出口额中所隐含的本省增加值之和；表格内容按照"出口省内增加值总额"的升序排列。

资料来源：笔者计算。

从行业层面，我们也发现：高出口省内增加值率并不意味着出口产品结构更优，也不意味着更高的出口省内增加值以及更高的 GDP，因此我们不能把高出口省内增加值率作为一个政策目标。

四、出口省内增加值率差异的结构分解

各省份整体的出口省内增加值率是其不同行业出口省内增加值率的加权平均的结果。从省际之间对比结果来看，各省份之间整体出口省内增加值率的差异可能存在两方面原因。一是省际之间同一行业的出口省内增加值率的差异。前面的分析显示，各行业出口省内增加值率随发展水平的提升呈现先下降、后上升的趋势。因此，即便出口结构保持不变，发展水平的提升也会带来整体出口省内增加值率的变化。二是省际之间出口结构的差异。即便发展水平不变，随着出口的主要产品由农产品和矿石原料转向工业制成品或服务产品，各省份整体出口省内增加值率也会发生变化。这里把前一种原因称之为"强度效应"，后一种原因称之为"结构效应"。采用结构分解方法将出口省内增加值率差异形成的原因量化为结构效应和强度效应，从而来分析具体两个省份之间的出口省内增加值率差异是由什么原因造成的，进而解释图5-1倒 U 形曲线的成因。

（一）结构分解方法

s 省份出口省内增加值率可写为 $PVAR^s = \sum_{i=1}^{14} W_i^s \cdot PVAR_i^s$，其中，$W_i^s$ 为 s 省

份 i 行业的出口份额；$PVAR_i^s$ 为 s 省份 i 行业出口省内增加值率。因此，s 省份与对比省份出口省内增加值率之间的差异可分解为以下两种形式：

形式一为：

$$PVAR^s - PVAR^o$$

$$= \sum_{i=1}^{14} (W_i^s \cdot PVAR_i^s - W_i^o \cdot PVAR_i^o)$$

$$= \sum_{j=1}^{14} (W_i^s \cdot PVAR_i^s - W_i^o \cdot PVAR_i^s + W_i^o \cdot PVAR_i^s - W_i^o \cdot PVAR_i^o)$$

$$= \sum_{i=1}^{14} [(W_i^s - W_i^o) \cdot PVAR_i^s + W_i^o \cdot (PVAR_i^s - PVAR_i^o)]$$

$$= \sum_{j=1}^{14} (\Delta W \cdot PVAR_i^s + W_i^o \cdot \Delta PVAR)$$

形式二为：

$$PVAR^s - PVAR^o$$

$$= \sum_{i=1}^{14} (W_i^s \cdot PVAR_i^s - W_i^o \cdot PVAR_i^o)$$

$$= \sum_{j=1}^{14} (W_i^s \cdot PVAR_i^s - W_i^s \cdot PVAR_i^o + W_i^s \cdot PVAR_i^o - W_i^o \cdot PVAR_i^o)$$

$$= \sum_{i=1}^{14} [W_i^s(PVAR_i^s - PVAR_i^o) + (W_i^s - W_i^o) \cdot PVAR_i^o]$$

$$= \sum_{i=1}^{14} (W_i^s \cdot \Delta PVAR + \Delta W \cdot PVAR_i^o)$$

借鉴艾瑞克和巴特（1998）的做法，本章将使用以上两种形式的结合形式来进行结构分解（两极分解），即：

$$PVAR^s - PVAR^o$$

$$= 0.5 \cdot \sum_{i=1}^{14} (\Delta W \cdot PVAR_i^s + W_i^o \cdot \Delta PVAR) + 0.5 \cdot \sum_{i=1}^{14} (W_i^s \cdot \Delta PVAR + \Delta W \cdot PVAR_i^o)$$

$$= 0.5 \cdot \sum_{i=1}^{14} (\Delta W \cdot PVAR_i^s + W_i^o \cdot \Delta PVAR + W_i^s \cdot \Delta PVAR + \Delta W \cdot PVAR_i^o)$$

$$= 0.5 \cdot \sum_{i=1}^{14} \Delta W(PVAR_i^s + PVAR_i^o) + 0.5 \cdot \sum_{i=1}^{14} \Delta PVAR(W_i^s + W_i^o)$$

令 $S = 0.5 \cdot \sum_{i=1}^{14} \Delta W(PVAR_i^s + PVAR_i^o)$，表示由结构效应引起的差异，即结构差异。

令 $T = 0.5 \sum_{i=1}^{14} \Delta PVAR(W_i^s + W_i^o)$ ，表示由强度效应引起的差异，即强度差异。

其中，$PVAR^s$ 为 s 省份出口省内增加值率；$PVAR^o$ 为对比省份出口省内增加值率；W_i^o 为对比省份 i 行业出口份额；$PVAR_i^o$ 为对比省份 i 行业出口省内增加值率。

（二）分解结果

运用结构分解公式，本章测算了导致省际之间出口省内增加值率差异的两种效应大小。测算的结果显示，两种效应都对省际之间出口省内增加值率的差异产生了重要影响，但对不同的省份而言，差异的主要原因不同。

对于位于图 5-1 倒 U 形曲线左边上升部分的省份而言，出口省内增加值率的省际差异或者说曲线上升的主要原因在于强度效应。由于篇幅的限制，此处仅以湖北和云南为例，分析二者出口省内增加值率差异的原因。湖北的人均地区生产总值比云南高，且其出口省内增加值率比云南高 15.5 个百分点（见图 5-13）。结构分解的结果显示，强度效应贡献率高达 124.0%，而结构效应的贡献率为 -24.0%。除食品制造业之外，湖北其他行业的出口省内增加值率都比云南高，尤其是设备制造业，强度效应明显，因此使得湖北整体的出口省内增加值率高于云南。

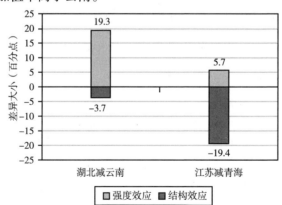

图 5-13　出口省内增加值率差异的结构分解结果

注：结构分解的是发展水平较高省份与发展水平较低省份之间出口省内增加值率的差异。

资料来源：笔者计算。

对于位于图 5 – 1 倒 U 形曲线右边下滑部分的省份，出口省内增加值率的省际差异或者说曲线下滑的主要原因在于结构效应。以江苏与青海为例，发展水平较高的江苏的出口省内增加值率比青海低 13.7 个百分点（见图 5 – 13）。结构分解的结果表明，结构效应是造成二者出口省内增加值率差异的主要原因，其贡献率高达 141.3%，而强度效应的贡献率为 – 41.3%。青海拥有丰富的能源矿产，初级产品出口占比高，尤其是农业、金属冶炼及制品业、采掘业等，从前文可知，这些行业的出口省内增加值率都较高。随着工业化的推进，将从主要出口初级产品转向出口工业制成品，由此会导致整体出口省内增加值率的下降。江苏的工业化程度高，制造业出口占比较大，尤其是电气电子及仪表（占总出口的 44.7%）、设备制造业（占总出口的 11.9%）等，因此，整体出口省内增加值率比青海低。

综上，由于强度效应和结构效应的作用，各省份出口省内增加值率与发展水平之间往往不存在直接的正相关关系。特别是在工业化快速推进的过程中，结构效应反而会导致出口省内增加率不断下降。

第四节 结论与政策启示

本章运用 2012 年内嵌中国省际投入产出表的全球投入产出表，采用拓展的 WWZ 法，核算了我国 31 个省（区市）、14 个行业的出口省内增加值及省内增加值率，进而探讨了高出口省内增加率能否作为政策目标这一问题。

本章最主要的结论是：不能简单地把高出口省内增加值率作为政策目标。这主要是基于以下四个典型化事实：（1）从全国各省份比较来看，各省份整体的出口省内增加值率与发展水平呈倒 U 形关系，即各省份出口省内增加值率与发展水平之间并不存在完全一致的变化趋势，而是随着发展水平的提升，出口省内增加值率呈先上升、再下降的变化趋势，这也意味着出口省内增加值率高的地方，其发展水平可能较低；（2）从各省份内部行业比较来看，各行业的出口省内增加值率与发展水平呈 U 形关系，即从单个行业来看，并非该行业的出口省内增加值率高，其地区的发展水平就高；（3）不同行业间的出口省内增加值率呈 U 形变化趋势，即农业和服务业比工业的出口省内增加值率高，劳动密集型比资本密集型制造业的出口省内增加值率高，资本密集型比技术密集型制造业的出口省内增加值率高，意味着高出口省内增加值率并不代表该地区的出口产品结构更优化以及发展水平更高；（4）在结构效应的主导下，发展水平较高的地区，其出口省内增加值率有可能较低。可以说，在特定阶段，出口省内增加值率的下降符合产业升级的基本趋势和一般规律。与中西部内陆省份相比，沿海省份正是通过不断扩大在全球价值链中的参与程度，推动产业从农业向制造业、从劳动密集型制造业向资本密集型制造业和技术密集型制造业不断升级。在这一过程中，虽然出口省内增加值率降低了，但出口创造的增加值总额却实现了快速增长。

本章最主要的政策启示是：不同地区需要根据自身发展阶段和结构特征来确定升级的方向和路径。中国经济已经由高速增长阶段转向了高质量发展阶段，发展质量的提高不仅体现在产业结构向中高端升级，也体现在全球价值链中不断地向中高端攀升。对于一个产业而言，向价值链中高端攀升的过程中，可以带来出口省内增加值率的提升，但对于一个经济体而言，还要考虑到结构因素。我国各省份出口产品结构存在较大差异，在结构效应的主导下，发展水平较低的省份，其出口省内增加值率有可能较高，随着产业结构的升级，在一定时期内出口省内增加值率可能出现下降。因此，各地区需要结合其发展阶段和出口结构等来确定升级方向和路径。对于那些发展水平较低、自然资源丰富、初级产品出口占比较高且出口省内增加值率较高的地区，需要更加注重改善投资和贸易环境以及基础设施条件，从而提升价值链的参与度。而对发展水平较高、价值链参与度较高、出口省内增加值率较低的地区，则需要更加注重工艺流程和产品的升级甚至是功能和链条升级，注重提升至更复杂的价值链，升级到全球价值链中价值更高的部分。

（执笔人：张红梅、祝灵秀）

第六章

出口垂直专业化水平的影响因素

——基于省级制造业参与全球价值链视角的实证分析

第一节 引 言

我国经济发展面临着复杂的国际和国内环境。一直以来,国际贸易主题的相关研究深受政策决策者与学术界的广泛关注。在全球生产分工和国际贸易大幅发展的背景下,根据生产的比较优势理论,过去的一体化生产过程被分解为若干个生产阶段,每个国家或地区都专注于商品生产工序的特定阶段,从而根据不同生产阶段的要素密集程度在全球范围内配置相对应的生产资源,对全球生产网络进行系统的重新整合。这一生产分配过程形成了垂直专业化生产分工。这种分工方式的特点是国际分割化生产和产品增加值共享,即全球范围内许多国家都对某一产品的生产贡献增加值。

垂直专业化生产分工是贸易的重要推动力之一。胡梅尔斯等(Hummels et al.,2001)提出将生产出口产品时使用的进口投入定义为垂直专业化,研究还基于10个OECD国家和4个新兴市场国家的投入产出表计算,发现垂直专业化占这些国家出口比重高达21%,是国际贸易增长的源泉之一。易可姆(2003)认为垂直专业化作为一种影响机制,解释了关税下降带来国际贸易的增长,研究发现,对于垂直专业化生产的产品而言,关税下降使得这类产品生产成本和销售价格的下降,因此由关税下降导致的贸易增长幅度超过了传统标准贸易模型预期的增长,同样验证了垂直专业化分工带来国际贸易增长的结论。倪红福和夏杰长(2016)认为,当最终需求端受冲击时,垂直专业化能在一定程度上缓解全球贸易额的下滑。

随着我国各省份对外开放程度的提高,各地区积极参与到全球及国内生产网络中。制造业作为中国经济的第一大产业，其垂直专业化水平受到多方因素的影响。那么，随着我国各地区对外开放水平的提高，哪些因素会对各省出口垂直专业化水平造成影响？本章旨在从我国各省参与全球价值链的视角，厘清各省各行业垂直专业化水平的影响因素，以期为地区发展的政策决策提供一定的参考。

本章与以下两个方面的文献相关：

一是关于垂直专业化水平的相关理论研究。现有研究主要专注于垂直专业化水平的测度，各测度指标均从中间品贸易规模角度出发。在国际生产分工体系下，只要某产品生产环节的上下游分布在不同国家，就存在中间品贸易。因此，中间品贸易规模越大，说明参与国际垂直专业化程度越深。现有研究关于垂直专业化指标的衡量有：其一，进口中间投入占总产出的比重（P. Egger et al.，2005）；其二，进口中间投入占生产中间投入的比重（Amiti and Wei，2005）；其三，进口中间投入占进口额比重（Yeats，2002）；其四，进口中间投入在出口额中的比重，即出口品中隐含的非本地区增加值的份额（Hummels et al.，2001），本章采用该方法来测度垂直专业化水平。

二是关于垂直专业化水平的实证分析以及垂直专业化影响因素的研究。北京大学中国经济研究中心课题组（2006）同样采用胡梅尔斯等（Hummels et al.，2001）定义的垂直专业化指标，研究发现了中国出口的垂直专业化程度由1992年的14%稳步增加到2003年21.8%。胡昭玲（2007）研究发现垂直专业化对产业竞争力有显著的提升作用，据此提出应基于要素禀赋积极参与国际垂直专业化分工，并努力从链条低端攀升，提高在国际垂直分工体系的地位。张彬和桑百川（2015）测算我国制造业2002年、2005年、2007年和2010年出口垂直专业化水平，发现制造业参与国际分工程度整体上有所提高。有关垂直专业化影响因素的研究，胡梅尔斯等（Hummels et al.，2001）认为降低贸易壁垒能够使资源在全球范围内得到有效配置，带来垂直专业化水平的不断提升。格鲁斯曼和埃尔普曼（Grossman and Helpman，2003）和亚马斯特（Yamashit，2007）认为贸易环境是影响垂直专业化水艾尔普曼平的因素。格鲁斯曼和埃尔普曼（Grossman and Helpman，2003）研究了专业化生产行业中外包环节的决定因素，考虑了成本差异、行业规模以及相对工资率等因素对生产组织的影响，研究发现贸易环境的差异会影响垂直专业化水平。

亚马斯特（Yamashit，2007）同样认为贸易环境的差异会带来垂直专业化水平的不同。国内相关研究中，黄先海和韦畅（2007）同样采用胡梅尔斯等（Hummels et al.，2001）定义的垂直专业化指标，发现了1992～2003年我国制造业出口垂直专业化程度的提高，但与其他国家相比，我国制造业出口垂直专业化水平仍然偏低，研究还认为应加大中间品进口、积极融入跨国公司国际生产分工、推进产业升级，以提升我国制造业出口垂直专业化程度。王中华和赵曙东（2009）实证分析了我国工业行业国际垂直专业化程度的影响因素，发现比较优势、贸易壁垒等均显著影响垂直专业化分工，且资本相对密集的行业垂直专业化程度的规模经济强化程度更显著。陈丰龙和徐康宁（2012）采用我国2002～2008年省级面板数据分析垂直专业化的影响因素，发现工业基础、人力资本、对外开放度、服务业水平对垂直专业化有正向影响，工资水平和自然资源丰裕程度对制造业融入全球国际分工具有负向影响。李慧燕（2013）研究发现外商直接投资（FDI）、基础设施、港口效率、交易环境等都是影响中国装备制造业参与国际分工程度的影响因素。邬丽萍和柴陆陆（2017）使用中国—东盟制造业贸易数据，研究发现市场结构、研发投入与技术投入密集度、产业开放度等均是影响中国—东盟制造业垂直专业化分工的重要因素。张如庆和张登峰（2019）使用WIOD跨国面板数据研究发现对外开放水平、金融业及整个服务业的发展、制度体系的完善会带来生产性服务业垂直专业化水平的上升。

近年来，随着我国各省份积极融入全球价值链，参与国际和国内生产分工，以各省份制造业为研究对象，从参与全球价值链的视角进一步探析垂直专业化水平的影响因素具有重要的理论价值和现实意义。

第二节　数据说明与模型设定

一、数据基础及数据来源

本章使用的实证数据为2012年我国30个省（区市）（其中西藏由于存在较为严重的数据缺失现象，暂未予考虑），7个制造业部门（分别为食品、纺织服装、石油炼焦产品和核燃料加工品及化学产品、建材、金属冶炼及制品业、设备制造业、电气电子仪表部门）的截面数据。

被解释变量——垂直专业化水平，用各省份制造业出口中包含的国外增加值份额来表示，各省份制造业出口增加值的核算基于 2012 年内嵌中国省际投入产出表的全球投入产出表，采用的是李善同等（2018）提出的拓展 WWZ 贸易增加值核算方法（具体核算方法见本书第二章），定义出口垂直专业化水平为一国总出口中进口中间品所占比重，即总出口中包含的其他国家和地区的增加值份额。本章以各省份为研究对象，将各省份出口垂直专业化水平定义为各省份总出口中包含的省际流入品所占比重，即各省份总出口中包含的其他省份、国家和地区的增加值份额。具体的测算公式如下：

$$VS = 1 - \frac{LVA + RDV}{E}$$

其中，LVA 表示国内某一省份出口被其他地区吸收的本省增加值，RDV 表示出口中返回并被本省吸收的本省增加值，两者之和为出口中隐含的本省增加值部分，具体的含义参见李善同等（2018）对出口所做的 20 项分解，本书第二章也有过相应介绍。垂直专业化水平作为衡量区域外增加值占出口比重的指标，刻画了出口产品中使用区域外投入品的情况，是一个衡量跨区域生产的综合性指标。通常认为 VS 水平越高，参与价值链分工的水平越深。其他指标数据来源于中国国家统计局、中国商务部等；其中人力资本指标衡量参考周少甫等（2013）采用 6 岁以上人口的平均受教育年限衡量。

二、模型设定

为了考察出口垂直专业化水平的影响因素，本章建立计量模型对其进行实证检验。具体地，我们的模型设定为：

$$VS_{i,j} = prov_i + sector_j + \beta_1 \times \ln(gdpcap) + \beta_2 \times \left[\ln(gdpcap)\right]^2 + \beta_3 \times fdi +$$
$$\beta_4 \times human + \beta_5 \times \ln(scale) + \beta_6 \times \ln(openness) + \beta_7 \times \ln(gdpcap) \times fdi +$$
$$\beta_8 \times \ln(gdpcap) \times \ln(scale) + sector_j \times fdi + \varepsilon_{i,j}$$
$$i = 1, 2, \cdots, 30; \quad j = 1, 2, \cdots, 7$$

其中，VS 为出口垂直专业化水平。gdpcap 为各省份人均地区生产总值；

fdi 为外商投资企业投资总额，考虑到企业的生产还受到外来资本的冲击，故将外商直接投资作为解释变量之一；human 为人力资本，各省份人力资本的差异决定了出口产品的特征与出口结构，因此将显著影响其融入全球生产网络的方式和程度，进而影响垂直专业化水平，不仅如此，参考余泳泽和张先轸（2015），地区人力资本水平还可以作为要素禀赋的一种衡量指标，本章采用各省份平均受教育年限作为人力资本测度变量；scale 为市场规模，借鉴易先忠等（2014），其计算方法由产值加上进口减去出口得到，市场规模与跨国企业的生产同样息息相关，市场规模大小影响企业生产效率以及各生产环节的资金来源等，同样将对垂直专业化水平产生影响。此外，我国各地区发展水平不一，各因素对垂直专业化水平的影响可能不同，因此在模型设定中，加入了地区发展水平与 FDI 的交乘项以及地区发展水平与市场规模的交乘项，旨在分析不同地区发展水平的差异对 FDI、市场规模影响垂直专业化水平的方式和程度带来何种影响。并且，FDI 对垂直专业化分工的影响与其流向有关，因此，在模型中加入了部门与 FDI 的交乘项对这一效应进行检验。最后，模型引入省份固定效应和部门固定效应以衡量模型未捕捉到的各省份之间的差异和部门之间存在的差异，其中，prov 刻画省份固定效应，sector 刻画部门固定效应。值得一提的是，由于我国各地区发展水平的差异，各个地区融入全球价值链的方式与程度各异，并且各省份各行业参与全球价值链的程度与经济发展水平等因素并非呈现简单线性关系（张红梅等，2020），因而在模型设定时考虑加入了对数人均 GDP 的二次项，以刻画发展水平对出口垂直专业化率的非线性影响关系。变量名称及相应测度指标如表 6 - 1 所示。

表 6 - 1　　　　　　　　　　　变量名称及测度指标

变量名称	测度指标及相关描述
VS	出口垂直专业化水平（单位：%，分省份分行业数据）
sector	部门固定效应
prov	省份固定效应
gdpcap	人均 GDP（单位：元，省级数据）
openness	进出口总额占产值比重（单位：1，分省份分行业数据）

变量名称	测度指标及相关描述
human	人力资本（省级数据）
scale	市场规模（产值＋进口－出口）（单位：百万美元，分省份分行业数据）
FDI	外商投资企业投资总额（单位：百万美元，省级数据）

表 6 - 2 给出了各变量的描述性统计情况。其中，出口垂直专业化率最高的部门高达 90.75%，为海南省金属冶炼及制品业，出口垂直专业化率最低的为四川省食品部门，为 11.39%。

表 6 - 2 　　　　　　　　　　　各变量描述性统计情况

变量名称	最小值	¼分位数	中位数	均值	¾分位数	最大值
VS	11.4	34.5	46.0	46.5	58.5	90.7
gdpcap	19 710	31 499	36 584	44 158	54 095	93 173
FDI	2 829	23 890	46 341	105 516	145 744	625 000
human	7.6	8.5	8.9	9.0	9.3	11.8
scale	128	9 636	34 972	56 506	65 809	437 498
openness	0.009	0.053	0.087	0.155	0.178	1.252

第三节　出口垂直专业化水平的影响因素实证结果分析

一、实证结果与分析

采用截面数据固定效应对本章构造的模型进行估计，实证结果见表 6 - 3。具体表现为以下几点特征。

表 6 - 3 　　　　　　　　　　　实证结果

	被解释变量：出口垂直专业化水平			
	（1）	（2）	（3）	（4）
ln（gdpcap）	- 13 876.4 *** （1 746.267）	- 16 878.7 *** （1 606.171）	- 17 872.3 *** （1 618.882）	- 17 776.0 *** （1 614.858）
$[\ln（gdpcap）]^2$	465.871 *** （59.910）	569.295 *** （55.117）	604.780 *** （55.683）	601.674 *** （55.546）

	被解释变量：出口垂直专业化水平			
	（1）	（2）	（3）	（4）
FDI	− 0. 059 ***	− 0. 065 ***	− 0. 067 ***	− 0. 067 ***
	（0. 006）	（0. 006）	（0. 006）	（0. 006）
human	1 564. 568 ***	1 878. 621 ***	1 971. 388 ***	1 961. 143 ***
	（188. 931）	（173. 348）	（173. 717）	（173. 210）
（ln（gdpcap））×FDI	0. 006 ***	0. 007 ***	0. 007 ***	0. 007 ***
	（0. 001）	（0. 001）	（0. 001）	（0. 001）
ln（scale）		− 41. 022 ***	− 48. 262 ***	− 41. 704 ***
		（13. 740）	（12. 157）	（13. 503）
（ln（gdpcap））×ln（scale）		3. 424 ***	4. 199 ***	3. 594 ***
		（1. 305）	（1. 153）	（1. 284）
ln（openness）			2. 953 **	3. 182 ***
			（1. 148）	（1. 214）
纺织服装	14. 360 ***	4. 536 *	2. 428	1. 661
	（2. 494）	（2. 636）	（2. 369）	（2. 813）
石油炼焦产品和核燃料加工品及化学产品	12. 659 ***	15. 027 ***	14. 086 ***	10. 957 ***
	（2. 424）	（2. 174）	（2. 269）	（2. 641）
建材	10. 873 ***	6. 860 ***	7. 524 ***	5. 888 ***
	（2. 424）	（2. 232）	（1. 866）	（2. 224）
金属冶炼及制品业	17. 025 ***	18. 093 ***	16. 656 ***	14. 002 ***
	（2. 424）	（2. 152）	（2. 230）	（2. 628）
设备制造业	20. 078 ***	17. 730 ***	14. 852 ***	14. 303 ***
	（2. 424）	（2. 173）	（2. 166）	（2. 503）
电气电子仪表部门	21. 091 ***	15. 761 ***	14. 629 ***	13. 232 ***
	（2. 424）	（2. 291）	（2. 190）	（2. 449）
FDI×纺织服装				0. 00001
FDI×石油炼焦产品和核燃料加工品及化学产品				0. 00003 **
FDI×建材				0. 00002
FDI×金属冶炼及制品业				0. 00002 *
FDI×设备制造业				0. 00000
FDI×电气电子仪表部门				0. 00001
地区固定效应	控制	控制	控制	控制

	被解释变量：出口垂直专业化水平			
	（1）	（2）	（3）	（4）
截距项	控制	控制	控制	控制
Observations	210	210	210	210
R^2	0.826	0.865	0.864	0.870
Adjusted R^2	0.782	0.829	0.833	0.835

注：$*p<0.1$；$**p<0.05$；$***p<0.01$。

（1）我国各省份制造业出口垂直专业化率受发展水平的影响并非是线性的。经济发展水平（gdpcap）对出口垂直专业化率的影响呈现先降后升的趋势。在发展初期，各地区主要出口自然资源禀赋较高的产品，出口的省内增加值份额较高，对应出口垂直专业化水平较低。随着地区发展水平的提高，生产效率随之提升，企业更多选择进口加工品生产以提高产品竞争力，加工贸易规模扩大，融入价值链程度加深，出口中隐含的省内增加值份额降低，表现为出口垂直专业化水平增加。参考张红梅等（2020）研究结果，未来随着部分地区发展水平的进一步提高，达到发达国家和地区如美国、日韩和欧盟的水平，地区生产分工将进一步深化，产品的竞争力有所提升，原来使用进口中间品的生产转而使用地区内中间产品进行替代，其融入价值链所获得的增加值份额将有所提升（N型曲线特征），出口垂直专业化水平下降。这说明，我国各区域发展仍有很大的提升空间，对于区域经济发展的启示是，需要进一步通过开放提高本地区产品的竞争优势，从而有利于深化分工和提高本地区产品的核心竞争力。

（2）外商直接投资（fdi）对出口垂直专业化水平的影响受经济发展水平的影响，并且与外商直接投资的去向相关。经济发展水平越高的地区，外商直接投资带来进口中间品的增加越显著，从而提升地区出口垂直专业化水平。此外，由外商直接投资与石油炼焦产品和核燃料加工品及化学产品、金属冶炼及制品业两个部门显著为正，而当外商直接投资流向低技术、低工资的制造和装配等生产活动，如本文中的纺织服装部门时，对出口垂直专业化水平的影响不显著。随着外商直接投资流向更先进的工业部门和更具技术密集特征的企业将提高出口垂直专业化水平。经济发展水平与FDI交乘项的系数未能抵消 FDI 前的系数，说明各地区不仅应该促进自身发展水平的提升，还应注意对外商直接投资走向的引导；对区域经济的发展来说，则需要不断改善投融资环境，有导向性地吸引外资。

（3）结果显示，人力资本水平越高的地区出口垂直专业化水平越高，人力资本影响贸易结构、方式及贸易流向，进而对分工模式产生影响，通常人力资本高的地区处于产业链的下游，其生产活动需要更多的中间投入，这为专业化分工提供了更多机会和可能性。

（4）市场规模（scale）对出口垂直专业化水平的影响存在两种效应。在市场扩张前期，市场规模的扩大带来了市场内部交易成本的下降，市场规模较大的行业和地区在产品生产环节更倾向于使用本地区中间投入品，垂直专业化程度难以得到有效的提升，这解释了市场规模对我国各省垂直专业化水平的负向影响。但是考虑经济发展水平的综合影响，随着经济发展程度的加深，市场规模对垂直专业化水平将会有显著的促进作用，这主要由于市场规模扩张带来行业进入成本的下降，有助于增加企业外购中间品比例，市场规模越大，垂直专业化程度越高。施蒂格勒（Stigler，1951）曾讨论了企业垂直化分工与产业周期之间的关系，他认为新兴产业的垂直专业化程度通常较低，但随着产业发展所带来市场规模的扩张，中间品供应商陆续进入市场，该产业的垂直专业化程度将会上升，因此在发展水平较高阶段，市场规模越大垂直专业化程度越高。

（5）对外开放（openness）对出口垂直专业化水平的影响显著为正。随着经济全球化的深入，开放水平的提高，关税下降，国际贸易发展迅速，提升各省开放度有利于促进区域分工水平的提高，提高地区出口垂直专业化水平。开放度还反映了各种隐性的贸易壁垒对于分工的影响，通常在其他发展水平相当的条件下，贸易壁垒越小，行业开放度会越高。因此，从提升各省参与全球价值链的分工水平的视角来看，需要进一步破除地方保护主义，消除各种影响商品和要素自由流动的行政性壁垒。

（6）行业固定效应模型测度结果显示，与食品行业相比，纺织服装行业出口垂直专业化水平差异相对不显著，其他制造行业即石油炼焦产品和核燃料加工品及化学产品、建材、金属冶炼及制品业、设备制造业、电气电子仪表部门垂直专业水平则均高于食品行业。在地区发展不同阶段，当其生产由劳动密集型向资本密集型和技术密集型转化时，对应的资本密集程度提高，区域垂直专业化水平上升。

二、区分不同类型制造业实证结果与分析

根据各部门要素投入情况，将制造业部门划分为劳动密集型、资本密集型和技术密集型三大类型。其中，劳动密集型制造业包括食品制造业、纺织服装业；资本密集型制造业包括石化、建材、金属冶炼及制品业；技术密集型制造业包括设备制造业、电气电子及仪表业。分行业类型实证结果显示：对于三大类型制造业，经济发展水平对垂直专业化水平的影响均呈现先降后升的趋势；市场规模与开放水平对不同类型制造业出口垂直专业化水平影响各异，其对劳动密集型制造业垂直专业化水平的影响显著，对资本密集型和技术密集型制造业垂直专业化水平的影响并不显著（见表6-4）。这与我国产业发展特征有关，改革开放初期，我国充分利用劳动力优势大力发展劳动密集型行业，形成现有产业布局，且发展初期随着行业规模的扩大，出口体量增加，市场规模较大的行业在生产环节更倾向于使用本地区中间投入品，垂直专业化程度有所下降。随着经济发展水平的提高，对外开放程度的加深，市场规模扩张带来行业进入成本的下降，有助于增加企业外购中间品比例，市场规模越大，垂直专业化程度越高。未来，资本密集型与技术密集型行业作为未来推进产业创新的主要力量，市场规模的扩张同样对其出口垂直专业化水平的影响同样将显现出来。

表6-4　　　　　　　　　　区分不同类型制造业实证结果

变量	被解释变量：出口垂直专业化水平			
	Total	劳动密集型	资本密集型	技术密集型
ln（gdpcap）	-17 776.0 ***	-21 325.2 ***	-17 958.7 ***	-9 869.2 ***
	(1 614.858)	(3 711.464)	(1 392.714)	(2 111.756)
[ln（gdpcap）]^2	601.674 ***	736.894 ***	600.646 ***	330.473 ***
	(55.546)	(128.485)	(47.906)	(72.267)
FDI	-0.067 ***	-0.069 ***	-0.074 ***	-0.045 ***
	(0.006)	(0.013)	(0.005)	(0.006)

续表

变量	被解释变量:出口垂直专业化水平			
	Total	劳动密集型	资本密集型	技术密集型
human	1 961.143 ***	2 230.612 ***	2 045.186 ***	1 118.177 ***
	(173.210)	(392.490)	(149.426)	(225.610)
$(\ln(gdpcap)) \times FDI$	0.007 ***	0.008 ***	0.008 ***	0.005 ***
	(0.001)	(0.001)	(0.001)	(0.001)
$\ln(scale)$	− 41.704 ***	− 69.801 **	− 12.438	13.455
	(13.503)	(26.417)	(17.000)	(38.955)
$(\ln(gdpcap)) \times \ln(scale)$	3.594 ***	6.418 **	0.850	− 1.358
	(1.284)	(2.560)	(1.592)	(3.666)
$\ln(openness)$	3.182 ***	9.240 *	1.869	− 0.491
	(1.214)	(4.617)	(1.759)	(1.598)
纺织服装	1.661	− 5.631		
	(2.813)	(5.813)		
石油炼焦产品和核燃料加工品及化学产品	10.957 ***			
	(2.641)			
建材	5.888 ***		− 5.050 *	
	(2.224)		(2.798)	
金属冶炼及制品业	14.002 ***		3.278 **	
	(2.628)		(1.269)	
设备制造业	14.303 ***			
	(2.503)			
电气电子仪表部门	13.232 ***			0.425
	(2.449)			(1.501)
I (FDI×部门)	控制	控制	控制	控制
地区固定效应	控制	控制	控制	控制
截距项	控制	控制	控制	控制
Observations	210	60	90	60
R^2	0.870	0.917	0.958	0.979
Adjusted R^2	0.835	0.793	0.930	0.950

注: * $p < 0.1$; ** $p < 0.05$; *** $p < 0.01$。

三、各省份出口的国外垂直专业化分工以及国内垂直专业化分工影响因素分析

前文在衡量各省份垂直专业化水平时，使用的指标为各省份出口产品中隐含的其他地区增加值份额，包括我国其他省份和国外增加值部分。接下来，我们以不同参考系为标准，定义各省份参与生产分工的垂直专业化程度，作为垂直专业化指标的不同测度，进行模型结果的稳健性检验。具体包括各省份出口的国外垂直专业化分工程度（VS_F）以及参与出口的国内垂直专业化分工程度（VS_P）。指标定义如下，$VS\_F = \dfrac{FVA}{E}$，其中 FVA 为出口中隐含的国外增加值，各省份出口的国外垂直专业化分工程度为各省份出口中隐含的国外地区增加值占比；$VS\_P = \dfrac{PVA}{E}$，PVA 表示出口中隐含的国内其他省份增加值，即各省份参与国内垂直专业化分工程度为各省份出口中隐含的国内其他地区增加值比重。稳健性检验结果分别见表 6-5 和表 6-6。

表 6-5　　　稳健性检验（一）各省份出口的国外垂直专业化
程度影响因素模型实证结果

被解释变量	VS	VS_F			
	Total	Total	劳动密集型	资本密集型	技术密集型
ln（gdpcap）	-17 776.0*** (1 614.858)	-3 151.2*** (1 146.704)	-2 861.6** (1 134.295)	-3 443.9*** (1 278.883)	-1 454.0 (1 614.813)
[ln（gdpcap）]²	601.674*** (55.546)	103.987*** (39.443)	100.166** (39.268)	107.894** (43.990)	44.144 (55.261)
FDI	-0.067*** (0.006)	-0.014*** (0.004)	-0.009** (0.004)	-0.019*** (0.005)	-0.010* (0.005)
human	1 961.143*** (173.210)	365.411*** (122.996)	286.727** (119.952)	451.569*** (137.213)	190.192 (172.519)
ln（scale）	-41.704*** (13.503)	-14.397 (9.588)	-9.275 (8.073)	-7.862 (15.610)	-29.766 (29.788)
ln（openness）	3.182*** (1.214)	6.016*** (0.862)	2.401 (1.411)	2.439 (1.615)	4.109*** (1.222)
(ln（gdpcap）)×FDI	0.007*** (0.001)	0.002*** (0.0004)	0.001** (0.0004)	0.002*** (0.0005)	0.001* (0.001)

续表

被解释变量	VS	VS_F			
	Total	Total	劳动密集型	资本密集型	技术密集型
$(\ln(gdpcap)) \times (\ln(scale))$	3.594*** (1.284)	1.323 (0.912)	0.666 (0.783)	0.214 (1.462)	2.872 (2.803)
纺织服装	1.661 (2.813)	−3.924* (1.997)	−1.832 (1.777)		
石油炼焦产品和核燃料加工品及化学产品	10.957*** (2.641)	9.091*** (1.875)			
建材	5.888*** (2.224)	4.228*** (1.579)		−12.927*** (2.569)	
金属冶炼及制品业	14.002*** (2.628)	11.645*** (1.866)		1.576 (1.165)	
设备制造业	14.303*** (2.503)	5.127*** (1.778)			
电气电子仪表部门	13.232*** (2.449)	6.755*** (1.739)			2.127* (1.148)
I（FDI×部门）	控制	控制	控制	控制	控制
地区固定效应	控制	控制	控制	控制	控制
截距项	控制	控制	控制	控制	控制
Observations	210	210	60	90	60
R^2	0.870	0.868	0.940	0.954	0.961
Adjusted R^2	0.835	0.832	0.850	0.922	0.909

注：*p<0.1；**p<0.05；***p<0.01。

表6-6　稳健性检验（二）各省份参与国内垂直专业化程度影响因素模型实证结果

被解释变量	VS	VS_P			
	Total	Total	劳动密集型	资本密集型	技术密集型
$\ln(gdpcap)$	−17776.0*** (1614.858)	−14624.8*** (1624.941)	−18463.6*** (3609.344)	−14514.8*** (1300.785)	−8415.2** (2537.513)
$[\ln(gdpcap)]^2$	601.674*** (55.546)	497.687*** (55.893)	636.728*** (124.950)	492.752*** (44.744)	286.329*** (86.837)

续表

被解释变量	VS	VS_P			
	Total	Total	劳动密集型	资本密集型	技术密集型
FDI	−0.067 ***	−0.052 ***	−0.060 ***	−0.054 ***	−0.035 ***
	(0.006)	(0.006)	(0.012)	(0.005)	(0.008)
human	1 961.143 ***	1 595.732 ***	1 943.886 ***	1 593.616 ***	927.984 ***
	(173.210)	(174.292)	(381.690)	(139.563)	(271.096)
ln（scale）	−41.704 ***	−27.306 **	−60.526 **	−4.576	43.221
	(13.503)	(13.587)	(25.690)	(15.877)	(46.809)
ln（openness）	3.182 ***	−2.834 **	6.839	−0.570	−4.601 **
	(1.214)	(1.221)	(4.490)	(1.643)	(1.921)
（ln（gdpcap））×FDI	0.007 ***	0.006 ***	0.007 ***	0.006 ***	0.004 ***
	(0.001)	(0.001)	(0.001)	(0.0005)	(0.001)
(ln(gdpcap))×(ln(scale))	3.594 ***	2.272 *	5.752 **	0.636	−4.230
	(1.284)	(1.292)	(2.490)	(1.487)	(4.405)
纺织服装	1.661	5.585 *	−3.798		
	(2.813)	(2.831)	(5.654)		
石油炼焦产品和核燃料加工品及化学产品	10.957 ***	1.866			
	(2.641)	(2.657)			
建材	5.888 ***	1.661		7.877 ***	
	(2.224)	(2.238)		(2.613)	
金属冶炼及制品业	14.002 ***	2.358		1.702	
	(2.628)	(2.644)		(1.185)	
设备制造业	14.303 ***	9.176 ***			
	(2.503)	(2.519)			
电气电子仪表部门	13.232 ***	6.477 ***			−1.702
	(2.449)	(2.464)			(1.804)
I（FDI×部门）	控制	控制	控制	控制	控制
地区固定效应	控制	控制	控制	控制	控制
截距项	控制	控制	控制	控制	控制
Observations	210	210	60	90	60
R^2	0.870	0.746	0.882	0.913	0.949
Adjusted R^2	0.835	0.678	0.708	0.855	0.880

注：* $p < 0.1$；** $p < 0.05$；*** $p < 0.01$。

实证结果显示，经济发展水平、外商直接投资、人力资本、市场规模、对外开放程度、行业特征等均显著影响各省份出口的国外垂直专业化程度或各省份出口的国内垂直专业化程度，但具体影响有所不同，主要体现在市场规模和对外开放两个因素上。第一，市场规模对各省份出口的国外垂直专业化程度影响不显著，但显著影响其出口的国内垂直专业化程度，且该影响主要体现在劳动密集型行业，市场规模显著影响各省份制造业尤其是劳动密集型制造业融入国内价值链的程度，对各省份制造业融入全球价值链生产分工影响不显著。第二，开放水平高对出口垂直专业化水平影响为正，且主要影响劳动密集型行业出口垂直专业化水平。在区分各省份出口的国外垂直专业化程度及出口的国内垂直专业化程度后，我们发现，对外开放提高了出口的国外垂直专业化水平，却降低了出口的国内垂直专业化水平。这可能是由于对外开放改变了企业生产的中间品投入来源与结构，开放地区倾向于使用进口中间品代替国内中间品，从而提高出口的国外垂直专业化水平的同时降低了出口的国内垂直专业化水平。不仅如此，对外开放整体上显著提升劳动密集型制造业出口垂直专业化程度。但区分各省份出口的国外垂直专业化程度及出口的国内垂直专业化程度后的实证结果显示，对外开放显著提升技术密集型制造业出口的国外垂直专业化水平的同时显著拉低了其出口的国内垂直专业化水平。两种影响效应相互抵消，因此对整体出口垂直专业化水平影响不显著。但是，对外开放同时提升了劳动密集型制造业出口的国外垂直专业化水平以及国内垂直专业化水平，两者的效果显著性较低，但对整体出口垂直专业化水平拉动作用明显。

第四节　结论与政策启示

当前，我国正逐步形成以国内大循环为主体、国内国际双循环相互促进的新发展格局。在持续扩大开放，推进"双循环"发展新格局的大背景下，垂直专业化分工作为国际生产和贸易格局值得我们的关注。厘清出口垂直专业化水平的影响因素有利于各省份因地制宜地制定相关政策。本章实证检验结果明确了影响我国各省份制造业垂直专业化水平的因素，为各地区制定产业、贸易政策提供参考。

各省份经济发展水平、外商直接投资、市场规模、人力资本等因素均显著影响制造业出口垂直专业化水平。其中，经济发展水平对出口垂直专业化水平的影响较为复杂，随着各省份经济的发展，垂直专业化水平的变动趋势发生改变且整体呈现 U 形曲线的特征；外商直接投资和市场规模等因素对垂直专业化水平的作用与经济发展水平息息相关。分制造业类别来看，相对于劳动密集型制造业，资本密集型和技术密集型制造业融入全球价值链的程度较高，出口垂直专业化水平越高；并且人力资本越高的地区，制造业出口垂直专业化水平越高。稳健性检验部分同样证实了本章的主要结论。此外，市场规模和对外开放水平对各省制造业出口的垂直专业化水平、出口的国外、国内垂直专业化水平的影响各异。

根据本书研究得到的结果，得到以下政策建议：一是促进经济可持续发展，经济发展水平直接和间接影响各省份制造业垂直专业化水平，并且经济的发展必然带来技术的进步，使各省份有能力参与到全球生产体系。因此，我国需要推进各省份及地区经济的可持续发展，积极促进区域经济协同发展，优化基础设施建设，为企业提供良好的生产与经营环境。二是有效吸收外商直接投资，外商直接投资作为垂直专业化的载体之一，在过去 40 多年的对外开放中，提高了各省份制造业垂直专业化水平。未来各省份应有效吸收外商直接投资，并有选择地采取产业倾斜政策，提高资本和技术密集型行业的比重。三是加强人才建设，发展高端制造业。过去，相对丰富的劳动力资源以及逐步提高的劳动生产率降低了厂商的生产成本，成为吸引外商直接投资的重要因素，加工贸易体量较高。今后，随着我国人口红利的消失，各省份应加强劳动力技能的提升，培育高技能劳动力，实现从初级产品制造向高新技术产品制造攀升。四是继续推进对外开放，改善国际贸易环境。对外开放程度的加深将极大推动垂直专业化水平，这也是我国改革开放以来飞速发展的重要驱动力之一。未来应继续推进对外开放，改善贸易环境。

（执笔人：祝灵秀）

第七章

基于价值链的中国各省份出口显性比较优势

第一节　基于价值链的显性比较优势测度方法

改革开放以来，中国对外贸易取得了快速发展，对中国经济增长起到了至关重要的推动作用。但是长期以来，中国出口贸易主要是依靠低廉的劳动力成本优势和资源环境代价快速发展起来的，在劳动力密集型和资源密集型产品出口上具有显著比较优势。加入 WTO 以后，随着中国劳动和资源密集型产品出口份额逐渐降低，技术和资本密集型产品出口份额逐渐上升，以贸易总值统计的中国技术密集型产品的出口竞争力逐步提升。与此同时，欧美国家对中国出口的质疑也越来越多，其中主要是中国出口特别是高新技术产品出口竞争力提升挤占了欧美国家的市场份额和就业，由此引发了一系列的贸易争端。在全球价值链分工的背景下，传统总值统计的出口比较优势指数是否能反映中国的真实出口竞争力？中国技术密集型产品的出口竞争力是否已经发展到足以对欧美国家技术类产品构成威胁？本节从理论上分析了传统总值统计的出口显性比较优势指数的局限，基于全球价值链核算理论构建了增加值出口统计的显性比较优势指数，利用这一指数分析了我国各地区各产业的国际比较优势，为我国区域和产业政策制定提供了可参考的科学依据。

一、理论方法简介

显性比较优势指数（revealed comparative advantage，简称 RCA 指数）由美国经济学家巴拉萨（Balassa）在 1965 年提出，是国际贸易研究中被普遍应用的指标之一，用以对一国在某产业（或产品）出口贸易中的竞争力水平进行测度。RCA 指数的基本思路是比较一国某产业出口占该国所有产业总出口的比重与世界范围内该产业出口占全球所有产业总出口的比重，用两个比重之比来衡量一国某一产业或商品相对于世界平均水平而言的比较优势。其公式可表示为：

$$RCA_j^i = \frac{e_j^i / \sum_j e_j^i}{\sum_i e_j^i / \sum_i \sum_j e_j^i}$$

其中，e_j^i 表示 i 国第 j 个产业部门的出口，$\sum_j e_j^i$ 为 i 国的总出口，$e_j^i / \sum_j e_j^i$ 为 i 国第 j 个产业部门出口在 i 国总出口中的比重；$\sum_i e_j^i$ 为全球各国第 j 个产业部门的出口之和，$\sum_i \sum_j e_j^i$ 为全球各国总出口之和。若一国某产业的显性比较优势指数大于 1，说明该国的这一产业在全球出口市场中具有显性比较优势；反之，若显性比较优势指数小于 1，说明该国的这一产业在全球出口市场中不具有显性比较优势。李钢和刘吉超（2012）、金碚（2013）等利用该 RCA 方法测算了中国产业国际竞争力的现状及演变趋势，发现近年来中国制造业各产业国际竞争力有较大程度提升。

大卫·李嘉图的经典国际贸易理论的三个重要假设条件之一是"出口产品的所有价值为出口国的要素收入"，也就是所卖即所得。一国在出口贸易中某一类商品价值占比高于全球平均水平，表示其在该类产品生产中具有相对比较优势。显性比较优势指数的构建正是基于这一理论基础。因此，传统显性比较优势指数使用的是一国某部门的出口额，而不考虑它是中间品出口还是最终出口、出口中是否使用了来自其他国家或其他部门的中间品。在全球贸易发展的早期阶段，国际产业分工程度和国内产业关联度较低，中间产品出口规模较小，产业产出基本是本产业的要素投入，国外中间投入和国内上游产业的要素投入较少，传统核算方法基本能够反映实际情况。然而，随着 20 世纪以来全球化的深入发展，中间品贸易的规模扩大、国际产业分工及国内产业分工深化，各产业生产的产品中隐含了大量来自上游国家供应的中间进口品价值和国内上游产业部门提供的中间品价值，传统显性比较优势指数存在的缺陷就显得不可忽视了。

首先，传统 RCA 指数忽略了出口生产的国际分工模式。在全球价值链时代，产品生产过程被垂直划分为多个阶段，各国根据其要素禀赋专业化承接其中某些阶段的生产任务，这种生产模式被称为垂直专业化分工。在这种生产模式下，一国生产的总出口中包含了大量的进口价值。这部分的进口价值主要为外国各产业的要素收入，是外国生产要素比较优势的体现，并不能反映出口国生产的比较优势。邢予青和德特尔特（2010）的研究证明了这一偏差的严重性，2009 年 iPhone 智能手机由中国组装成机后出口至美国，海关统计其出口值为每部 189 美元，但其中出口国内增加值（中国增加值）只有每部 6.5 美元的加工组装费，其他 182.5 美元全部是中国进口的原材料和零部件价值。在这一例子中，总值核算的传统 RCA 指数显然会极大地高估中国在 iPhone 手机生产上的比较优势。其次，总值核算的传统 RCA 指数忽略了出口生产的国内分工。各产业的出口生产中包含大量的国内原材料和中间品价值，这部分价值绝大部分是国内上游部门增加值，是国内上游部门生产要素的比较优势体现。祝坤福等（2013）研究结果表明，2007 年中国单位出口的国内增加值率为 59.1%，其中隐含了上游部门增加值为 36.5%，国内增加值中约三分之二价值是上游部门的要素投入。最后，传统 RCA 指数忽略了各部门增加值（或生产要素）会通过中间品被投入下游部门的出口生产中，这部分增加值出口实际上反映了上游部门的比较优势。这一点尤其重要，比如王直等（2015）提到德国研发和设计部门很少有直接出口，传统 RCA 指数显示为比较劣势部门，但是实际上德国商务服务（包含研发设计服务）部门的价值被大量用于德国汽车和机械设备制造部门的出口中。正是由于德国研发和设计部门显著的比较优势，才使得德国汽车和机械设备出口具有很高的竞争力。这一点是传统指数体现不了的，容易带来较大的偏差。已有不少学者意识到当前以进出口贸易总值核算贸易利益的误导性，并主张和推广利用"贸易增加值"来核算贸易所得（Dean et al., 2011；Chen et al., 2012；Johnson and Noguera, 2012；Koopman et al., 2012；张杰等, 2013）。当传统的贸易额无法反映真正的贸易利益时，从贸易总额角度构造的传统 RCA 指数也将无法反映真实的比较优势。

为了克服上述问题，在本文对中国各省的出口显性比较优势分析中，我们根据库普曼等（2014）和王直等（2015）提出的基于增加值出口的显性比较优势指数（RCA_VA 指数）来分析，其公式为：

$$RCA\_VA_j^i = \frac{VAX_j^i / \sum_j VAX_j^i}{\sum_i VAX_j^i / \sum_i \sum_j VAX_j^i}$$

其中，VAX_j^i 表示 i 国（区域）第 j 个产业部门的国内增加值出口，$\sum_j VAX_j^i$ 为 i 国（区域）各产业部门的国内增加值出口，$\sum_i VAX_j^i$ 为各国（区域）第 j 个产业部门增加值出口的总和，$\sum_i \sum_j VAX_j^i$ 为各国（区域）各产业部门增加值出口的总和。同样地，一国（区域）某产业部门的增加值 RCA 指数越大，表示它相对于其他国（区域）而言在国际贸易市场上的生产比较优势越高；当增加值 RCA 指数大于 1 时，表明该国（区域）该部门在世界出口市场中具有生产比较优势，当数值小于 1 时，表明该国（区域）该部门在世界出口市场中具有生产比较劣势。在衡量中国的出口比较优势时，已有一些文献意识到了传统指数的缺陷，并从"贸易增加值"这一视角进行测度。比如，戴翔（2015）、郭晶和刘菲菲（2015）基于贸易增加值分别测算了中国制造业和中国服务业的比较优势，张禹和严兵（2016）则进一步基于比较优势与全球价值链测算了中国产业的国际竞争力。

我国在出口贸易方面具有显著的区域差异特征。根据中国海关统计，2017 年中国总货物出口中，广东出口占 27.5%，江苏出口占 16.0%，浙江出口占 12.7%，这三个省出口占了总出口一半以上，而西部 10 个省（区市）（内蒙古、重庆、贵州、西藏、云南、甘肃、青海、宁夏、新疆和广西）出口总和只占全国出口总额的 5% 左右。同时，不同地区出口的产业结构特征也具有显著的异质性。因此，利用中国省级区域间投入产出表嵌入全球投入产出数据库，从省级层面研究出口显性比较优势，对于厘清我国出口生产的区域竞争力，探索各区域有效分工路径，有效提升我国出口生产在全球价值链位置，以及促进区域协调发展具有重要意义。

二、两个代表性产业的省级增加值出口比较分析

增加值出口是一国/地区各产业参与全球价值链分工生产的要素收益，增加值 RCA 指数正是利用这一指标，构建反映一国/地区增加值出口中哪些产业部门具有相对竞争优势，同时哪些产业部门是相对竞争劣势的。因此本章从增加值出口出发，首先研究中国各省份产业的增加值出口情况。限于研究篇幅，本章选取了我国增加值出口规模相对较高、全球市场份额大的两个产业：一是劳动密集型行业纺织服装业，二是技术密集型行业电子电气仪表制

造业。以这两个产业为代表，本节对各省份这两个部门的省内增加值出口进行横向比较。结果表明，东部沿海省份（包括广东、江苏、浙江、福建、山东、天津以及上海等）的电子电气仪表业和纺织服装业两个部门的增加值出口在国内各省份中位居前列（见图7－1、图7－2、图7－3）。电子电气仪表业增加值出口中，广东和江苏的增加值出口在全国总增加值出口中占比分别达到45%、20%，是显而易见的增加值出口大省；纺织服装业增加值出口中，份额最高的省份则为广东（26%）、浙江（20%）和江苏（14%）。两个代表性部门增加值出口中的东部沿海省份所占总份额均在80%以上，具有显著的区域特征。

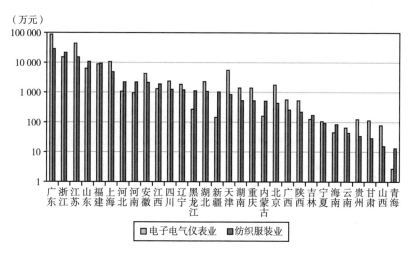

图7－1　2012年各地区电子电气仪表业及纺织业增加值出口对比

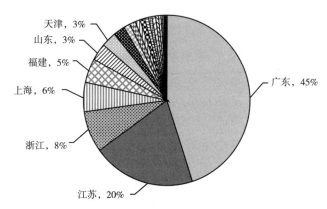

图7－2　2012年电子电气仪表业增加值出口的各地区构成

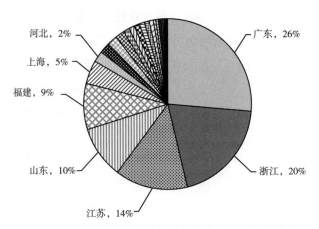

图 7 - 3　2012 年纺织服装业增加值出口的各地区构成

在增加值出口大省中，各省份之间的产业结构却存在差异。例如，广东的电子电气仪表业和纺织服装业两个部门的增加值出口均为全国各省份中最高，分别为全国电子电气仪表业和纺织服装业两个部门增加值出口的 45% 和 26%，但显然广东在电子电气仪表业更具有比较优势；与广东相似的是江苏，电子电气仪表业增加值出口规模全国第二，占比为 20%，高于纺织服装业部门占比（14%）。而浙江前述两个部门的增加值出口规模虽然都不是最高（低于广东），在全国这两个部门增加值出口中占比分别为 8% 和 20%，但相比广东，显然浙江在纺织服装业增加值出口具有的相对比较优势更大。单省份某一产业增加值出口在全国该产业总增加值出口中的份额只能衡量该省份在该产业出口生产的绝对优势①。因此，必须综合运用增加值出口份额和增加值 RCA 指数，才能更准确地反映每个省份中哪些部门具有出口生产的比较优势、哪些部门又具有出口生产的比较劣势。接下来本章将利用增加值 RCA 指数，针对农业、制造业、服务业等不同产业以及各细分部门分析各省份的出口显性比较优势。

---

① 这里的增加值出口占比类似于出口市场份额指标，用以衡量一国/地区在某种出口品生产上的绝对优势。

第二节　各省份农业增加值出口
显性比较优势分析

图7-4显示，从地域分布上来看，各省份之间的农业部门比较优势整体分布呈现中西部地区高、东部沿海地区低的特征，西部地区、中部地区和东北地区省份普遍高于东部地区省份；各地区内部省份之间的差异较小，尤其是大部分西部和中部地区省份之间农业部门增加值出口的比较优势都较为接近。农业部门增加值出口显性比较优势最明显的两个省份为海南、吉林，其增加值 RCA 指数分别为 5.00 和 3.45。这两个省份的农业部门大量增加值用于直接或间接出口生产参与国际分工，相对其他省份，海南和吉林的农业部门具有增加值出口的显著比较优势。具有明显的增加值出口比较优势（增加值 RCA 指数大于 2）的省份主要来自西部地区（新疆、广西）和东北地区（吉林、黑龙江），而其他东北、西部和中部地区大多数省份在农业出口方面同样具有较为显著的比较优势（增加值 RCA 指数在 1~2 之间）。相比之下，RCA 指数小于 1 的省份则主要集中在江苏（0.76）、浙江（0.65）、广东（0.39）、北京（0.14）、天津（0.13）、上海（0.04）等东部沿海发达地区。

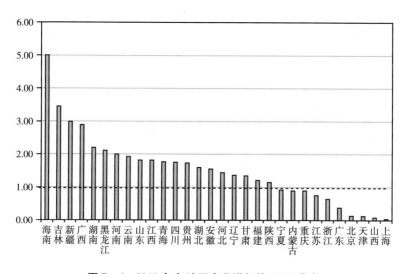

图 7-4　2012 年各地区农业增加值 RCA 指数

这些地区人口集中，基本是农产品输入地区，而对外贸易总规模巨大，因此农业出口比例非常小，农业部门增加值出口明显不具有比较优势。宁夏、内蒙古和重庆的农业增加值 RCA 指数也略小于 1，在出口方面表现不佳，这些地区的农业部门生产要素参与国际分工的程度相对较低。

第三节　各省份制造业增加值出口显性比较优势分析

一、各省份制造业整体增加值显性比较优势分析

图 7 - 5 显示，制造业部门整体具有增加值出口比较优势的省份从高到低依次为江苏、广东、福建、浙江、湖北、安徽、江西、重庆、湖南和辽宁，其中江苏、广东、福建、浙江四省份的出口比较优势均较明显，说明相对全国而言，东部沿海省份的制造业部门国际分工参与的程度更高，这主要得益于东部地区具有较高的经济发展水平、发达的对外贸易产业链条以及优越的物流交通条件；而其余的 21 个省份制造业部门整体仅具有增加值出口比较劣势，其中海南、黑龙江、贵州、青海、北京、新疆和山西等省份的增加值 RCA 指数不高于 0.5，属于具有明显的增加值出口比较劣势的省份，说明它们的制造业部门整体参与全球价值链分工的程度明显低于全国平均水平。

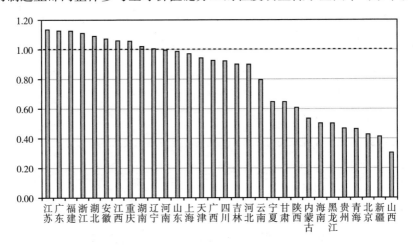

图 7 - 5　2012 年各地区制造业增加值 RCA 指数

从地域分布上来看，各省份之间制造业部门的比较优势分布与农业部门相比有较大区别，整体上西部地区省份增加值的出口比较优势最低、中部和东北地区省份较低、东部沿海省份较高，大体上呈现自西向东上升的地理分布特征。与农业部门相比，由于各地区的制造业出口都占较大比例，各省份之间的制造业出口占比差异不大、出口比较优势的地域分布更为均衡：除了部分省份（包括宁夏、甘肃、陕西等增加值 RCA 指数相对较低，主要为西部地区省份）制造业增加值出口比较优势明显低于其他省份之外，大部分省份之间（尤其是大部分东部和中部地区省份）的比较优势差别并不大，其中比较优势最大的江苏的增加值 RCA 指数也仅为 1.13。

制造业是一个很大的门类，可以细化为多个部门，根据研究需要，我们在制造业中选择了食品、纺织服装、石化、建材、金属冶炼及制品业、设备制造业和电气电子仪表等部门。制造业各细分部门之间的体量规模、区域分布都存在很大差异，其中食品制造业、纺织服装业是劳动密集型产业，石化业、建材业、金属冶炼及制品业属于资本密集型产业，设备制造业、电子电气仪表业则属于技术密集型产业。为了更准确地描述各地区出口比较优势情况，本章接下来针对不同要素投入类型的制造业各个主要细分部门进行进一步分析。

二、各省份劳动密集型制造部门增加值比较优势分析

（一）食品制造部门

从增加值 RCA 指数来看，食品制造业显示出与制造业整体截然不同的空间特征（见图 7-6）：从整体上看，东北地区比较优势较高，中部和西部地区次之，东部地区最低。分省份来看，增加值 RCA 指数较高的省份集中在吉林（3.90）、云南（3.78）、四川（2.26）、贵州（2.23）、广西（2.21）等东北地区、西部地区和部分中部地区，而大部分东部省份，如天津（0.74）、广东（0.60）、浙江（0.48）、北京（0.27）等则不具有或仅具有微弱的比较优势。不同省份之间的差距较大，增加值 RCA 指数最高的省份吉林达到了 3.90，而增加值出口比较优势最低的省份山西仅为 0.17。

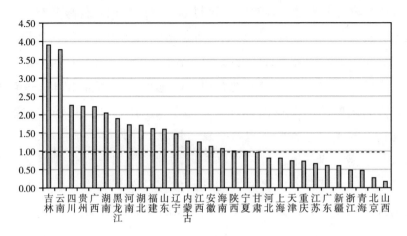

图7-6   2012年各地区食品制造业增加值 RCA 指数

(二) 纺织部门

图7-7显示,相较于食品业,东部沿海省份在纺织业的增加值比较优势更为突出。各省份之间的增加值出口比较优势差距不大,但仍呈现明显的坡型分布,整体上显示出按照东部—东北—中部—西部的顺序依次递减的格局。除了浙江、福建、山东等6个省份之外,其他省份均不具有增加值比较优势。浙江、福建作为国内纺织服装业发达省份,其纺织业增加值出口比较优势都

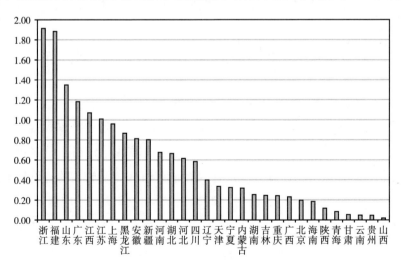

图7-7   2012年各地区纺织业增加值 RCA 指数

为1.8~2.0，具有非常显著的比较优势；山东、广东、江西、江苏等省份为1.0~1.4；山西、贵州、云南、甘肃、青海、陕西、广西、重庆等中西部省份则比较劣势都较为明显，其增加值出口比较优势大部分都在0.4以下。

三、各省份资本密集型部门增加值 RCA 指数分析

（一）石油化工部门

对于石油化工部门，从增加值 RCA 指数来看（见图 7 - 8），空间分布较为均衡，整体上各省份之间差异不大。除了海南（2.13）、辽宁（1.55）、陕西（1.34）、江西（1.34）、湖北（1.31）和江苏（1.30）等外，其他各省份之间差异不大；在区域分布上，石油化工业没有显示出与其他制造业部门类似的明显区域分布特征，比较优势较为突出的海南、辽宁、陕西、湖北、江苏、山东等省份分散在东、西、中部地区，空间分布较为均衡。其中海南利用其地理优势，大力发展石油化工部门，竞争优势较为明显。

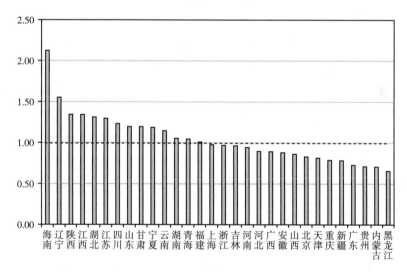

图 7 - 8　2012 年各地区石油化工业增加值 RCA 指数

（二）建材制造部门

对于建材业部门，从增加值 RCA 指数来看（见图 7 - 9），空间分布并不均衡，各省份之间存在较大差异。建材业部门增加值出口比较优势最高的是河南，增加值 RCA 指数高达 3.95。增加值出口比较优势较高的其他省份还有福建（2.29）、湖南（1.69）、江西（1.49）、辽宁（1.40）、重庆（1.33）、

吉林（1.32）、四川（1.27）等，主要为西部、中部和东北地区省份，而大多数东部地区省份的增加值出口都只具有比较劣势。在地域分布上，各省份的建材业增加值出口比较优势总体上按照中部—东北—西部—东部的次序递减。

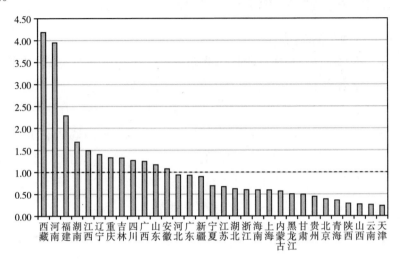

图 7-9　2012 年各地区建材业增加值 RCA 指数

（三）金属冶炼部门

从金属冶炼业部门增加值 RCA 指数来看（见图 7-10），中西部地区省份比较优势较高，各省份之间有一定差距。河北、云南、湖南、江西、甘肃五省的增加值 RCA 指数大于 2，具有明显的增加值出口比较优势；吉林、福建、新疆、北京、黑龙江、海南等省份的增加值 RCA 指数则低于 0.5，具有明显的增加值出口比较劣势。在区域分布上，金属冶炼业部门显示出与食品制造业部门类似的区域特征，具有比较优势的主要集中在河北、湖南、内蒙古、江西、甘肃、河南、广西等西部和中部地区，大部分东部地区如山东、浙江、江苏、广东、福建等则不具有或仅具有微弱的比较优势。

四、各省份技术密集型部门增加值 RCA 指数分析

（一）设备制造部门

对于设备制造业部门，从增加值 RCA 指数来看（见图 7-11），中国具有比较优势的有重庆（3.87）、吉林（2.02）、湖北（1.79）、浙江（1.65）、

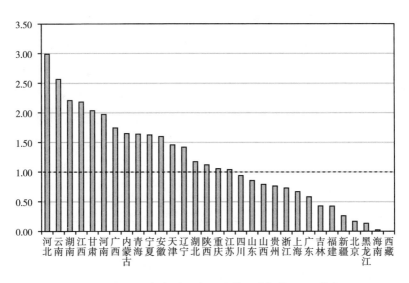

图 7 - 10　2012 年各地区金属冶炼业增加值 RCA 指数

辽宁（1.53）等 10 个省份，而天津、江苏、广东、陕西、河北等超过 20 个省份则均具有比较劣势，其中重庆的增加值 RCA 指数高达 3.87，最低的青海、山西、内蒙古等（大部分为西部省份）则不到 0.2，整体上各省份之间差异明显。在区域分布上，设备制造业仍然显示出明显的地区差异：具有比较优势的省份主要分布在东部、中部和东北地区，而西部地区省份则呈现比较劣势，基本集中在 0 ~ 0.8。

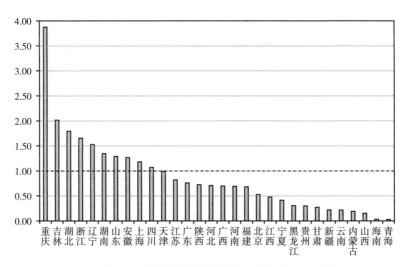

图 7 - 11　2012 年各地区设备制造业增加值 RCA 指数

（二）电子电气仪表制造部门

对于电子电气仪表部门，从增加值 RCA 来看（见图 7-12），我国具有出口比较优势的地区只有广东（2.01）、江苏（1.43）、天津（1.23）、上海（1.18）四个省（市），主要都在东部沿海地区，其他省份的电子电气仪表部门增加值出口则均不具有比较优势。各省份之间有明显差异，但整体差距较小。在区域分布上，东部沿海省份电子电气仪表部门的比较优势明显处于领先地位。电子电气仪表部门增加值 RCA 指数有明显的东—中—东北/西部依次降低的分布特征。

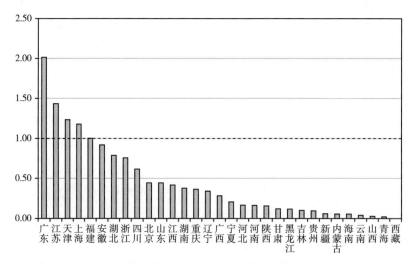

图 7-12　2012 年各地区电子电气仪表业增加值 RCA 指数

总体上，相对于劳动密集型和资本密集型制造业部门而言，可以发现研究中的 2 个技术密集型制造业部门显示出了较为统一的区域分布特征，即东部和中部地区的增加值比较优势整体上都高于西部地区，这体现了东部和中部地区在经济相对发达的同时还具有较高的技术优势，展示出更为先进的经济结构。

五、各省份其他制造业部门增加值 RCA 指数分析

对于其他制造业部门，从增加值 RCA 来看（见图 7-13），广西（2.09）具有较为突出的增加值出口比较优势，此外福建、河南、浙江、江苏、江西、吉林、安徽、广东也具有一定的出口比较优势，其余省份的增加值出口均呈

现比较劣势。在地域分布上，其他制造业没有显示出明显的分布特征，具有增加值出口比较优势的省份在东部、中部、西部和东北地区都有分布，但总的来看，绝大多数的东部地区省份都具有比较优势，而大多数的西部地区省份都只具有比较劣势。

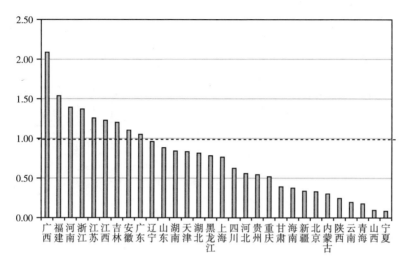

图 7 - 13　2012 年各地区其他制造业增加值 RCA 指数

第四节　各省份服务业增加值出口显性比较优势分析

一、各省份服务业整体增加值 RCA 指数分析

对于服务业部门，从增加值 RCA 指数来看，具有增加值出口比较优势的只有北京（1.92）、上海（1.36）、天津（1.10）、浙江（1.08）、广东（1.07）、江苏（1.04）和海南（1.01）等少数地区，其中北京、上海的比较优势明显高于其他省份。由图 7 - 14 可以看出，各省份的服务业增加值出口比较优势显示出非常明显的地域特征：具有比较优势的主要都是经济较为发达的东部沿海省份，而西部、中部和东北地区省份则均具有比较劣势。也就是说，东部地区相对于其他地区具有更高的比较优势。

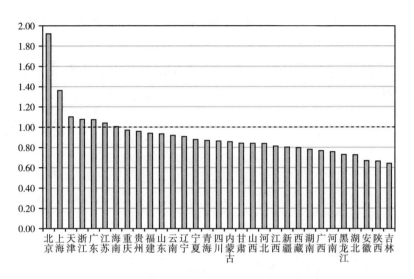

图7-14 2012年各地区服务业增加值RCA指数

二、各省份服务业细分部门增加值 RCA 指数分析

由于服务业各细分部门之间具有异质性，因此同样需要对各个细分部门进行进一步分析。

（一）生产性服务部门

图7-15显示，在生产性服务部门具有增加值出口比较优势的地区有北京（2.04）、上海（1.41）、天津（1.17）、浙江（1.10）、广东（1.06）和江苏（1.05）6个省（市），都是东部地区省份，其中北京和上海的比较优势明显高于其他省（市）；而排位靠后的主要是河南、湖南、黑龙江、湖北、陕西、安徽、吉林等，主要为中西部地区省份。可以看出，由于东部地区整体上经济较为发达，对交通运输、商贸流通、金融服务等生产性服务业产生较强的拉动作用，使得生产性服务部门的地域分布显示出与制造业整体类似的特征：东部地区省份具有更高的比较优势，相对于东部地区，中西部以及东北地区省份呈现比较劣势。

（二）生活性服务部门

图7-16显示，在生活性服务部门具有增加值出口比较优势的地区有海南（1.47）、青海（1.39）、辽宁（1.34）、贵州（1.33）、江西（1.21）、北

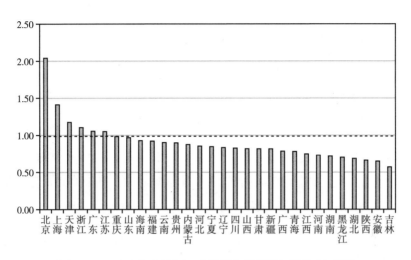

图 7 - 15　2012 年各地区生产性服务部门增加值 RCA 指数

京（1.20）等 14 个省份，其中西部的省份较多，但东部、中部和东北地区的部分省份也具有比较优势。可以看出，与生产性服务部门和整个服务业部门相反，生活性服务部门的地域分布显示如下特征：西部和东北地区省份大部分具有增加值出口比较优势，而中部和东部地区的大部分省份只具有增加值出口比较劣势。

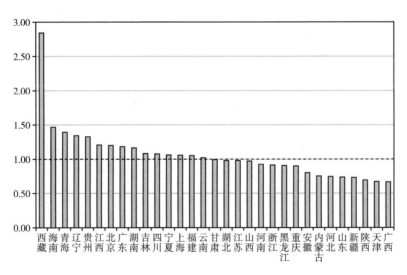

图 7 - 16　2012 年各地区消费公共服务业增加值 RCA 指数

第五节　结论与政策启示

一、各省份增加值出口比较优势分析小结

当前研究产业出口竞争力的文献广泛采用传统显性比较优势指数，从出口总额的角度来进行贸易比较优势的分析。本章指出传统 RCA 指数既忽略了国内的生产分工又忽略了国际生产分工，不能反映出口产业真正的竞争优势。为克服这个缺陷，本章根据库普曼等（2014）和王直等（2015）提出的基于贸易增加值测算的 RCA，计算了各省的增加值 RCA，并在省际间开展了比较分析。

结果显示，中国大部分地区的各个产业部门在增加值出口规模和增加值 RCA 指数中都存在不同程度的差异：西部地区省份的农业、食品业、金属冶炼业的增加值出口比较优势较明显，主要为劳动密集型产业；中部地区省份的纺织业、金属冶炼业、设备制造业的增加值出口比较优势较明显；东部沿海地区则在设备制造业、电子电气仪表业这类技术密集型产业以及纺织业有较明显的增加值出口比较优势；此外，东部地区省份在服务业也具有普遍的突出优势，其中北京、上海在生产性服务业的比较优势尤其明显。

二、政策启示

针对以上分析结果，本章有以下几点启示和建议：

第一，顺应国际分工由产品分工转向要素分工的趋势，基于增加值 RCA 指标来制定相关产业政策和贸易政策，提升相关地区和部门在全球价值链上的位置。增加值 RCA 反映了一个地区部门生产要素在参与全球价值链分工的比较优势。在全球价值链分工盛行的现实背景下，增加值 RCA 比传统的总值 RCA 更能反映地区产业部门的真实竞争力。因此，产业政策与贸易政策也需要从整个产业的发展和产品的市场份额的扩大转为更多关注产业和产品生产中关键环节的功能提升，特别是提升全球价值链分工环节中附加值水平的研发设计和人力资本累积等，促进我国产业由劳动密集型生产和加工组装等生产环节向研发设计、技术服务等环节过渡，逐步向价值链高端攀升。

　　第二，加快完善服务贸易促进体系，发挥知识型服务强省的比较优势，推动服务贸易与货物贸易同步发展。长期以来，中国主要发展货物贸易，特别是制造业出口。知识型服务竞争力提升是制造业出口获取高附加值的关键。但中国制造业生产中知识型服务业如软件与信息技术服务、研究与实验发展、综合技术服务和租赁与商业服务（隐含了设备租赁、企业管理、市场拓展、专利授权等技术服务）等投入非常低，国内知识型服务的竞争力不足。因此，要积极推动知识型服务业的发展，在巩固"中国制造"的同时，鼓励和推进"中国创造"。

　　第三，在东部地区深度融入全球价值链，并向全球价值链上游努力攀升的同时，需要看到西部及部分中部地区处于价值链的低端环节，而且劳动密集型的产业结构使得其受到高度依赖劳动力成本的制约。从近几年国内劳动力成本上涨，伴随而来的大量工厂向东南亚国家转移的现象中可见一斑。为了缓解区域发展不平衡的现象，就要综合资源禀赋、区位因素等条件，支持欠发达地区吸引人才、规划资源，利用欠发达地区的自身产业优势发挥对其他非优势产业比如服务业的拉动作用，以及积极承接东部地区的产业转移，拓展价值链分工的国内链条，稳步推进区域产业结构调整。

　　　　　　　　　　　　　　　　　　（执笔人：祝坤福、邵京京）

第八章

价值链分工视角下出口的就业与碳排放效应研究

第一节 引 言

改革开放以来，中国一直实行出口导向型战略，出口已成为拉动中国经济高速增长的重要动力。在对经济增长具有重要贡献的同时，出口贸易对中国社会、环境发展等多个方面均具有广泛而复杂的影响（陆旸，2012），牵动着多个地区和部门。近年来，中国经济已由高速增长阶段转向高质量发展阶段，社会主要矛盾已经转化为人民日益增长的美好生活需要和不平衡不充分的发展之间的矛盾。经济发展阶段的转换和社会主要矛盾的转变要求更加关注出口贸易的社会和环境效应，对出口贸易的影响效应进行多方面、多层次的剖析，使其更好地服务于中国经济、社会发展的新要求。与此同时，随着基础设施的不断改进和中国国内市场一体化程度的提升，参与价值链分工对区域发展的重要性凸显（潘文卿等，2018），国内国际价值链相互交织，使得出口对区域经济、社会与环境发展的影响更加复杂。加之 2018 年以来中美贸易摩擦以及 2020 年全球新冠肺炎疫情的影响，导致国际形势不确定性急剧增加，对中国出口贸易造成了较大冲击。这更加要求对出口的经济、社会和环境效应进行综合考察，从价值链分工的视角探讨中国出口的转型方向。鉴于此，本章将利用中国省级社会—环境拓展的省际投入产出模型，基于价值链分工视角，全面分析出口对中国各省份的就业与碳排放效应及其影响途径，并探究出口对各省份就业与碳排放的贡献率之间的不平衡性，为中国各省份参与出口拉动价值链的经济、社会与环境平衡发展提供决策参考。

第二节　文献综述

针对出口贸易相关效应的研究非常丰富，尤其是中国加入世界贸易组织以来，出口的迅速增长为中国经济、社会及环境等多个方面带来了重大影响，针对这些问题的研究也成为热点。在全国层面，一些研究对出口的经济、社会与环境效应做了系统考察。姚愉芳等（2008）利用投入产出模型分析了出口对中国经济、就业以及能源等多方面的影响，认为中国出口结构需向轻型调整。陆旸（2012）在全球化背景下对环境与就业、贸易与环境、贸易与经济等多个话题进行了综述性分析。郭菊娥等（2009）在次贷危机背景下讨论了中国国内增加值和就业的发展问题。唐旭等（2016）对中国出口的隐含能源与就业进行了权衡分析。更多非单一效应研究集中在对出口的经济与环境效应之间的矛盾上（李善同等，2009；李锴等，2011；周杰琦等，2013；高鸣等，2014；王美昌等，2015；Zhang et al.，2019），也有学者探讨参与全球价值链为中国带来的环境效应（吕越等，2019）。

考虑到中国省份之间基于区域间产业关联的联动作用，出口贸易的社会与环境效应也在省份之间发生了传导，其中大量研究聚焦于环境问题的省际联动效应。从价值链的角度，余丽丽等（2018）审视了中国区域碳排放，发现价值链是区域碳排放转移的主要路径。孟渤等（2013）、田欣等（2014）、张友国（2017）、米志付等（2017）、周德群等（2018）、陈萌萌等（2018）、吴三忙等（2018）以及潘晨等（2018）等基于多个年份展开了时空探讨，发现中国区域间碳排放转移大量存在并呈现上升趋势。也有部分研究对出口贸易对中国省份的多项效应进行了系统分析，如赵红艳等（2016）综合评估二氧化硫、氮氧化物、PM2.5等多种大气污染物及碳排放，探讨了京津冀地区出口的环境与经济效应的平衡。也有研究在区域层面探讨了中国可持续发展目标的实现路径，综合考察了就业、能源及碳排放等要素（Wang et al.，2020）。

由以上文献梳理可以看出，目前有关中国出口的社会与环境问题研究存在两个特征。一是现有研究中考虑社会或环境单一效应的研究比较丰富，也有一些研究将其中一个效应尤其是环境效应与经济效应联系起来加以分析，但同时考虑社会与环境效应的研究稍显欠缺。二是在价值链分工视角下从区域层面系统考虑出口的社会与环境效应的研究尚显不足。为此，本章将在省份层面，从价值链分工的视角系统分析中国出口的就业与碳排放效应，以期在一定程度上补充出口对社会与环境效应相关研究的不足。

第三节　研究方法与数据

一、研究方法

（一）出口的就业与碳排放效应

环境拓展的投入产出模型已被广泛应用于经济活动的环境效应的研究中，将该模型推广到社会领域，也可用于研究经济活动的社会效应（Miller et al.，2009）。本章利用该模型，在省份层面研究出口的就业与碳排放效应，并将推广后的模型称为社会—环境拓展的省际投入产出模型。基于该模型，出口的就业与碳排放总效应的计算方法如下：

$$q = f \cdot L \cdot e \tag{8-1}$$

$$f = [f^1, \ f^2, \ \cdots, \ f^n], \ f_j^s = em_j^s / x_j^s \tag{8-2}$$

$$L = (I - A)^{-1}, \ A = \begin{bmatrix} A^{1,1} & A^{1,2} & \cdots & A^{1,n} \\ A^{2,1} & A^{2,2} & \cdots & A^{2,n} \\ \vdots & \vdots & \ddots & \vdots \\ A^{n,1} & A^{n,2} & \cdots & A^{n,n} \end{bmatrix} \tag{8-3}$$

$$A^{s,r} = \begin{bmatrix} a_{1,1}^{s,r} & a_{1,2}^{s,r} & \cdots & a_{1,n}^{s,r} \\ a_{2,1}^{s,r} & a_{2,2}^{s,r} & \cdots & a_{2,n}^{s,r} \\ \vdots & \vdots & \ddots & \vdots \\ a_{n,1}^{s,r} & a_{n,2}^{s,r} & \cdots & a_{n,n}^{s,r} \end{bmatrix}, \ a_{i,j}^{s,r} = z_{i,j}^{s,r} / x_j^r \tag{8-4}$$

$$e = [e^1, \ e^2, \ \cdots, \ e^n]^T \tag{8-5}$$

其中，q 代表出口（e）所拉动的就业或碳排放总效应，即隐含于出口中的就业人数和碳排放。f 为就业或碳排放强度，由各省份分部门就业或碳排放强度向量 f^s 构成，是一个 $m*n$ 维行向量（m 代表部门数，n 代表省份数）；如公式（8-2）所示（上标表示省份，下标表示部门，下同），其元素 f_j^s 为省份 s 部门 j 的就业人数或碳排放（em_j^s）与相应总产出（x_j^s）之比[①]。L 为列昂惕夫逆矩阵，是一个 $m*n$ 阶方阵，由中间消耗系数矩阵（A）而来，如公式（8-3）所示；其中，A 由省份间中间消耗系数矩阵 $A^{s,r}$ 构成，其元素 $a_{i,j}^{s,r}$ 为省份 s 的部门 i 对省份 r 的部门 j 的中间投入（$z_{i,j}^{s,r}$）与省份 r 的部门 j 的总投入（x_j^r，与总产出相等）之比，表征中国省份间、部门间的中间直接投入结构。出口 e 由各省份分部门出口向量 e^r 构成，是一个 $m*n$ 维列向量。

对上述公式中的矩阵形式稍加变换，即可得出口对中国各省份的就业与碳排放效应：

$$Q = \begin{bmatrix} Q^{1,1} & Q^{1,2} & \cdots & Q^{1,n} \\ Q^{2,1} & Q^{2,2} & \cdots & Q^{2,n} \\ \vdots & \vdots & \ddots & \vdots \\ Q^{n,1} & Q^{n,2} & \cdots & Q^{n,n} \end{bmatrix} = \widehat{f} \cdot L \cdot \widehat{e} \tag{8-6}$$

$$Q^{s,r} = \begin{bmatrix} q_{1,1}^{s,r} & q_{1,2}^{s,r} & \cdots & q_{1,n}^{s,r} \\ q_{2,1}^{s,r} & q_{2,2}^{s,r} & \cdots & q_{2,n}^{s,r} \\ \vdots & \vdots & \ddots & \vdots \\ q_{n,1}^{s,r} & q_{n,2}^{s,r} & \cdots & q_{n,n}^{s,r} \end{bmatrix} = \widehat{f^s} \cdot L^{s,r} \cdot \widehat{e^r} \tag{8-7}$$

$$q^{s,\cdot} = \theta_r \cdot [Q^{s,1} \quad Q^{s,2} \quad \cdots \quad Q^{s,n}] \cdot \theta_c \tag{8-8}$$

其中，Q 为就业或碳排放效应矩阵，是一个 $m*n$ 阶方阵，$\widehat{f}$ 与 $\widehat{e}$ 分别为 f 和 e 的对角矩阵；Q 的子块为出口的各省份内和省份间就业或碳排放效应矩阵（$Q^{s,r}$），当 s 与 r 相等时，表示某省份自身出口所拉动的自身就业或碳排放（公式（8-6））；$Q^{s,r}$ 由省份 r 的部门 j 的出口所拉动的省份 s 的部门 i 的就业

[①] 在本书实证研究中，由于 2016 年农业、建筑业及服务业的总产出不可得，导致无法计算其就业和碳排放强度，故假设 2016 年农业、建筑业、服务业的就业和碳排放强度与 2012 年相同；此外，由于无法使用与其他省（区市）相一致的方法核算西藏的碳排放数据，故借用同年云南的碳排放强度。

或碳排放效应（$q_{i,j}^{s,r}$）构成（公式（8-7））。出口对省份 s 的就业或碳排放效应则为国内所有省份的出口对该省份就业或碳排放的拉动效应之和，见公式（8-8）；其中，θ_r 和 θ_c 分别为行求和算子与列求和算子，θ_r 是一个 m 维的全"1"行向量，θ_c 是一个 $m*n$ 维的全"1"列向量。

（二）出口对省份就业与碳排放效应的影响途径分解

为追溯出口对某省份就业与碳排放效应的影响途径，本章进一步将出口对省份的就业与碳排放效应（$q^{s,\cdot}$）按照地区和部门两个维度进行分解。

按照地区维度分解如下：

$$q^{s,\cdot} = \sum_{r=1}^{n} q^{s,r} = \sum_{r=1}^{n} \left(\sum_{i=1}^{m} \sum_{j=1}^{m} q_{i,j}^{s,r} \right) \quad (8-9)$$

按照部门维度分解如下：

$$q^{s,\cdot} = \sum_{i=1}^{m} q_{i,\cdot}^{s,\cdot} = \sum_{i=1}^{m} \left(\sum_{r=1}^{n} \sum_{j=1}^{m} q_{i,j}^{s,r} \right) \quad (8-10)$$

其中，$q^{s,r}$ 表示 r 省份的出口所拉动的 s 省份的就业或碳排放；$q_{i,\cdot}^{s,\cdot}$ 则表示出口所拉动的 s 省份的部门 i 的就业或碳排放；$q_{i,j}^{s,r}$ 为出口的就业或碳排放效应矩阵（$Q^{s,r}$）的元素。为清楚起见，将出口所拉动的某省份就业或碳排放效应分解（见图8-1）。

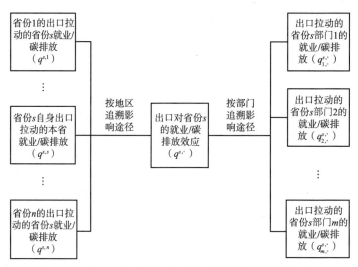

图8-1 出口对省份就业与碳排放效应的影响途径分解

（三）出口对各省份就业与碳排放的贡献率

为识别出口对各省份就业与碳排放影响效应的差异，本章引入出口对各省份的就业贡献率和碳排放贡献率两个指标，即出口拉动的就业或碳排放在相应省份就业或碳排放总量中的占比，如下式所示：

$$c^s = q^{s,\cdot} / em^s \qquad (8-11)$$

其中，c^s 代表出口对省份 s 的就业贡献率或排放贡献率，em^s 代表省份 s 的就业总量或碳排放总量，$q^{s,\cdot}$ 的含义同公式（8-9）。

（四）出口增加值及其在省份与部门层面的分解

出口增加值是指各省份通过直接或间接参与出口产品的生产所获得的增加值，将上述社会—环境拓展的省际投入产出模型中的就业或碳排放强度替换为增加值率，即可得出口增加值的核算方法：

$$V^{s,r} = \widehat{fv^s} \cdot L^{s,r} \cdot \widehat{e^r} \qquad (8-12)$$

$$fv_j^s = va_j^s / x_j^s \qquad (8-13)$$

$$v^{s,\cdot} = \sum_{r=1}^{n} v^{s,r} = \theta \cdot V^{s,r} \cdot \theta^T \qquad (8-14)$$

$$v_{i,\cdot}^{s,\cdot} = \sum_{r=1}^{n} \sum_{j=1}^{m} v_{i,j}^{s,r} \qquad (8-15)$$

与出口拉动的就业和碳排放效应类似，$V^{s,r}$ 表示省份 r 的出口所拉动的省份 s 的增加值，fv^s 表示省份 s 的增加值率行向量，为该省份各部门增加值（va_j^s）与相应总投入（x_j^s）之比，见公式（8-13）。相应地有省份 s 的出口增加值 $v^{s,\cdot}$，见公式（8-14），及其部门 i 的出口增加值 $v_{i,\cdot}^{s,\cdot}$，见公式（8-15）。

二、数据资料

（一）中国省际投入产出表

目前，我国省际投入产出表只更新到 2012 年。因此，本章采用国务院发展研究中心编制的 2012 年中国省际投入产出表（李善同等，2018）作为核心数据，并在此基础上借助其他相关统计数据补充 2016 年所需投入产出变量。

对于 2016 年各省份工业部门总产出数据（X），主要借助《中国工业统计年鉴 2017》中的工业销售总产值来估计。考虑投入产出模型中的总产出与工业销售总产值概念的差异，研究借助 2012 年投入产出模型的总产出与工业销售总产值的比例关系推算 2016 年的总产出，即 $(x_j^s)_{2016} = ((x_j^s)_{2012}/(sx_j^s)_{2012}) * (sx_j^s)_{2016}$，其中 x_j^s 表示相应年份省份 s 部门 j 的总产出，sx_j^s 表示相应年份省份 s 部门 j 的工业销售总产值。对于列昂惕夫逆矩阵（L），考虑到 2012 年的中间投入结构数据基于投入产出调查，可靠性较高，且中间投入结构在 4 年间发生显著变化的可能性较低，因此本章假设 2016 年的列昂惕夫逆矩阵与 2012 年一致，借用 2012 年的列昂惕夫逆矩阵。2016 年各省份部门的出口向量数据来自中国商务部。

（二）中国各省（区市）分部门就业人数

各省份分部门就业人数需根据相应年份的《中国劳动统计年鉴》及各省份统计年鉴的就业数据进行估计。各省份均不具备与本章所采用的省际投入产出表的部门分类层级相当的分部门就业数据，且基本情况各有不同——有些省份具有部门划分较粗的分部门就业人数（约 19 个部门），有些省份仅具有三次产业的就业人数，但所有省份都具有部门划分较粗的"私营企业和个体分行业就业人数"（7 个部门）以及部门划分较为详细的"城镇单位分行业就业人数"（57 个部门）。基于此，本章首先利用"城镇单位分行业就业人数""私营企业和个体分行业就业人数""第一产业就业人数"等信息估得与投入产出部门划分一致的各省份就业人数部门结构，进而根据各省份基础数据的不同情况进行拆分。对于有分行业（19 部门）就业数据的，利用上述细分的部门结构拆分各省份总体分行业就业人数；对于有三次产业就业人数数据的，利用上述细分的部门结构对三次产业就业人数进行拆分；对于只具有就业总人数的，利用上述细分的部门结构拆分各省份总就业人数。

（三）中国各省份分部门碳排放量

各省份分部门的碳排放数据包含两个主要部分：一是化石能源燃烧所产生的 CO_2 排放；二是水泥生产过程所产生的 CO_2 排放。本章采用潘晨等（2018）所提供的方法来估计各省份分部门的碳排放量，其中，核算化石能源燃烧所产生 CO_2 排放的基础数据取自相应年份的《中国能源统计年鉴》、各省份统计年鉴以及《中国经济普查年鉴2008》。核算水泥生产过程所产生的 CO_2 排放的基础数据来自相应年份的《中国水泥年鉴》和中国水泥研究院。

第四节 出口对中国各省份的就业效应

通过价值链的传导，出口对各省份就业的影响效应及影响途径有所不同。本节将以此为着眼点，尝试从价值链分工的视角考察出口对中国各省份就业的影响效应及其影响途径。

2012~2016年，出口对各省份就业的影响效应（$q^{s,r}$）总体上呈现东部省区最高、中部次之、西部最低的区域特征。2012~2016年，出口所拉动就业的区域特征基本一致。图8-2展示了出口对各省份的就业效应及其构成，可以看出，出口为东部省份带来的就业量最大，如广东、江苏、浙江、山东等。2016年，广东、浙江、江苏和山东由出口拉动的就业分别占全国由出口拉动的就业人数的19.7%、10.6%、8.9%和8.9%。其次是中部地区，以河南和安徽最为突出，河南更是于2016年进入了出口拉动就业排名前5的队列，占全国出口内拉动业人数的5.8%。相比较而言，西部省份通过参与出口拉动的价值链所获得的就业人数显著较少，而东北三省之间的差异较大，未见明显的区域特征。从2012~2016年的变化来看，出口对大多数省份就业的影响有所下降，而仅对个别省份的就业起到了较明显的拉升作用。研究期间，共18个省份的就业受出口的拉动作用有所下降，尤其是东部省（区市），除河北以外的所有东部省份由出口拉动的就业均有所下降。其中，广东、江苏、福建等省份由出口拉动的就业均出现了较为明显的下降，下降率分别为14.9%、21.2%和27.8%。除云南以外的西南省份的出口拉动就业也均呈现下降态势。出口拉动就业的增幅较为明显的为河北、山西、辽宁及云南等省份，未见显著的区域特征。但值得注意的是，西北地区大多数省份由出口拉动的就业人数有小幅上升，与西南地区呈现不同的变化特征。

从拉动力的来源地的角度来看（$q^{s,r}$），出口对各省份就业的影响途径具有三个主要特征。一是自身经济较为发达、产业链较为完备，且处于产业链

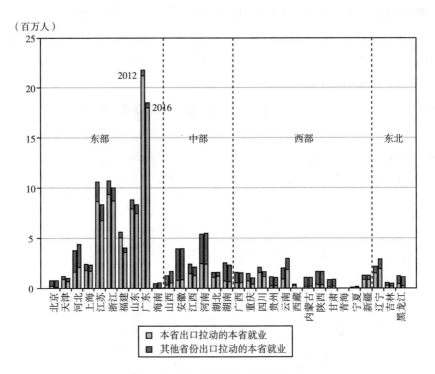

（百万人）

图 8-2　出口的就业效应及其构成

下游的省份的出口拉动就业主要来源于自身的直接出口。如东部的广东、福建、山东、浙江、江苏、上海等省份，以 2016 年为例，其自身出口所拉动的本省就业人数占到其出口拉动总就业人数的 70% 以上。二是省际贸易联系较弱的省份由出口拉动的就业也主要来源于自身出口，这类省份与国内其他省份经济联系不足，参与出口拉动价值链的程度较浅。如西藏，2016 年，仅有 15.9% 的出口拉动就业来自其他省份的间接拉动。三是经济欠发达且自身出口量较小，但与国内其他省份经济联系较强的省份，其由出口拉动的就业中有相当高的比例来源于其他省份的间接拉动。这类省份以大多数中西部省份为典型，如中部的安徽、西部的贵州等，其由出口拉动的就业中有较大比例来源于其他省份出口的间接拉动，尤其是受到广东和长三角地区出口的拉动。

从部门层面来看（q_{ir}^s），各省份通过参与出口获得就业的主要部门与其自身的产业结构有关，有三类部门由出口拉动的就业较高。一类是劳动较为密集的服务部门。大多数省份的"农林牧渔产品和服务""批发和零售"两个部门由出口拉动的就业最多。2016 年，多达 26 个省份出口拉动就业人数最多的部门是"农林牧渔产品和服务"，"批发和零售"则位居 17 个省份出口拉动就业人数的第二大部门。"交通运输、仓储和邮政"也跻身 12 个省份的出口拉动就业人数的前五部门之列。另一类是虽为技术密集或资本密集型产业，但相关省份所处的生产环节为劳动较密集环节的制造业部门。这类部门以"通信设备、计算机和其他电子设备"为代表，2016 年，该部门位居 12 个省份由出口拉动就业人数排名前五的部门，成为东部的天津、上海、广东、江苏，中部的河南，以及西南部的重庆、四川等省份排名第一或第二的部门。还有一类是出口量较大的制造业部门。典型部门有"化学产品""金属冶炼和压延加工品""纺织服装鞋帽皮革羽绒及其制品"等，这几个部门在中国的出口结构中占有较大比重。

第五节　出口对中国各省份的碳排放效应

出口的碳排放效应经过价值链的传导，对各省份碳排放的影响效应及影响途径亦有所不同。本节将尝试从价值链分工的视角考察出口对中国各省份碳排放影响效应的大小及其影响途径。

2012～2016 年，出口拉动碳排放的主要排放地（$q^{s\cdot\cdot}$）分布在经济体量及出口规模较大的东部沿海省份或煤矿资源较为富集的省份，中部省份次之，大多数西部省份较低，东北三省之间差异较大（见图 8 - 3）。2012 年，出口拉动碳排放量排名前 5 位的省份均位于东部，依次为广东、江苏、山东、浙江以及河北，分别占 2012 年中国出口拉动碳排放总量的 13.2%、11.2%、9.3%、7.6% 和 7.2%。2016 年，广东的出口碳排放效应较 2012 年降幅达 17.8%，辽宁则替代山东进入了前 5 名的队列。此外，西部的内蒙古、中部的河南、安徽和山西也因煤矿资源丰富而有着较高的出口拉动碳排放量。其他省份由出口拉动的碳排放则显著较低，尤其是西部省份，除内蒙古以外均位于较低的排放水平。从年间变化来看，2016 年，虽然全国由出口拉动的碳排放总量略有上升，但超过半数省份的出口拉动碳排放相较于 2012 年有所下降。2012～2016 年，出口拉动碳排放有所下降的省份多位于东部地区和西南地区，其中降幅最为显著的为广东、山东、福建和重庆等地区。出口拉动排放呈现较大增幅的省份多为矿业资源富集地区，如辽宁、河北、山西等地区。中部地区由出口拉动的碳排放量总体上有所上升，也是上升省份的数量及比例最高的区域，仅湖北和湖南两省有极小幅度的下降。值得注意的是，西北各省份由出口拉动的碳排放总体上也有所上升，与同为西部的西南地区呈现相反的变化特征。

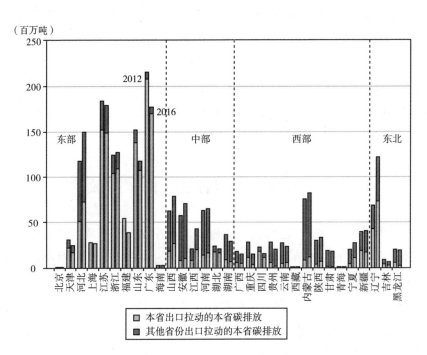

图 8-3　出口的碳排放效应及其构成

从拉动力来源地的角度来看（$q^{s,r}$），出口对各省份碳排放的主要影响途径有所不同。以直接拉动为主要影响途径的省份主要包括东部沿海的出口大省份，这些省份多处于出口产业链条的下游，其碳排放主要受到自身出口的直接拉动，且其出口往往对其他省份的碳排放有较大影响。比较典型的如江苏、浙江、广东等东部沿海省份，2016 年，其出口拉动碳排放中受自身出口直接拉动的比例均高达 80% 以上。大多数中西部省份、个别东部省份以及东北省份的出口拉动碳排放中则有较高比例受到其他省份出口的间接影响，其中大多数省份呈现这一特征的主要原因是其位于出口产业链的上游，且其中相当数量的省份以高碳排放部门为参与出口拉动价值链的主要方式。如东部的河北、东北省份以及大多数中西部省份，这些地区参与出口拉动价值链的主要部门多为煤炭、石油、钢铁等部门，且主要通过参与东部沿海出口大省（市）所引领的价值链来间接地参与出口。

从部门层面来看（q_i^c），各省份出口拉动碳排放均以碳排放强度较高的部门为主，主要受到自身碳排放强度不高，但产业链碳排放强度较高的部门的影响。由于几乎所有出口产品的生产过程中均有电力的投入，因此"电力、热力的生产和供应"部门成为出口拉动碳排放的第一大来源部门。2016 年，多达 23 个省份由出口拉动的碳排放第一大部门为"电力、热力的生产和供应"。此外，"金属冶炼和压延加工品"也是出口拉动碳排放的一个主要部门，该部门自身碳排放强度高，且具有较大的直接与间接出口规模；2012 年与 2016 年，分别有 9 个省份和 6 个省份以该部门为出口拉动碳排放的第一大部门，主要分布在中西部地区。除此之外，"化学产品""交通运输、仓储和邮政""非金属矿物制品"由出口拉动的碳排放量也较为突出。

第六节　出口对中国各省份的就业与碳排放贡献率

通过前文分析发现，出口对中国各省份就业与碳排放的影响效应及主要影响路径有所不同，呈现较为明显的区域差异——东部省份获得的就业相对较多，排放的 CO_2 也较高，且多以自身出口的直接拉动为主；中西部省份获得就业及付出的碳排放量相对较低，且多以东部省份出口的间接拉动为主；在上述区域差异之外，一些省份又具有与所在区域其他省份不甚一致的特征。那么，考虑到经济规模、产业结构等的不同，出口对各省份就业与碳排放的贡献率有何特征，是否也存在显著区域差异，或存在就业与碳排放贡献率之间的不平衡？这些特征与各省份参与价值链分工的程度及方式有何关系？这是本节将尝试回答的问题。

出口对各省份就业与碳排放的贡献率总体上呈现东部省份显著较高，中部与东北省份次之，西部省份最低的特征（见表 8-1）。研究期间，出口对各省份就业与碳排放的贡献率居前 5 位的省份几乎均位于东部地区，包括广东、浙江、江苏、福建和上海。2012 年，出口对东部各省份就业与碳排放的平均贡献率分别为 21.4% 和 24.3%，远高于全国平均贡献率 12.7% 和 16.6%。其次是中部和东北各省份，其中，出口对中部省份就业和碳排放贡献率较为一致，而东北三省之间则呈现较大差异。出口对西部各省份就业和碳排放的贡献率最低，2012 年平均值仅分别为 6.9% 和 11.8%。从研究期间的变化来看，2012～2016 年，出口对大多数省份就业的贡献率有所下降，其中东部省份降幅最大；与此同时，出口对中国碳排放的总体贡献率微幅上升，虽然东部大多数省份及西南各省份有所下降，但几乎所有中部省份均呈现上升态势。具体分省（区市）来看，出口对就业贡献率降幅最为显著的多为东部省份，如广东、福建、天津、上海及江苏等，这可能与加工贸易出口的下降有关，2012～2016 年，加工贸易出口额在中国出口总额中的比重下降了 8 个百分点。对碳排放而言，首先，出口对除湖南以外的其他中部省份碳排放的贡献率均有较为显著的上升。其次，出口对大多数东部省份碳排放的贡献率有所下降，其中以广东和福建最为显著，但河北和上海出现了较为明显的上升。此外，出口对西南各省份碳排放的贡献率均出现下降迹象，西北各省份未见统一态势。

表 8-1　　　　　　　　出口对中国各省份的就业与碳排放贡献率　　　　　单位：%

地区		出口对碳排放贡献率		出口对就业贡献率	
		2012 年	2016 年	2012 年	2016 年
东部	北京	11.39	9.66	7.38	6.81
	天津	19.54	16.27	15.44	11.30
	河北	16.49	20.95	9.28	10.48
	上海	22.77	25.15	21.62	17.27
	江苏	28.84	26.84	22.42	17.68
	浙江	32.97	34.58	29.15	26.66
	福建	24.82	18.59	21.89	14.51
	山东	17.10	14.10	13.50	12.59
	广东	40.72	32.88	36.59	29.58
	海南	10.30	10.97	11.04	10.00

续表

地区		出口对碳排放贡献率		出口对就业贡献率	
		2012 年	2016 年	2012 年	2016 年
中部	山西	13.55	17.94	7.18	9.24
	安徽	16.46	17.84	9.39	9.18
	江西	12.53	20.20	9.61	8.16
	河南	12.04	13.45	8.60	8.18
	湖北	6.25	6.94	4.33	4.37
	湖南	12.29	9.44	6.39	6.03
西部	广西	8.76	7.51	5.93	5.61
	重庆	16.61	9.82	9.04	6.33
	四川	6.84	5.11	4.46	3.46
	贵州	11.61	7.97	6.53	5.52
	云南	12.96	12.49	7.13	9.90
	西藏①	—	—	19.66	2.98
	内蒙古	11.91	14.21	8.42	7.45
	陕西	11.72	13.49	8.27	8.27
	甘肃	12.59	12.56	6.04	5.99
	青海	4.07	2.82	2.92	3.05
	宁夏	15.91	20.80	4.94	4.79
	新疆	15.02	10.90	12.85	10.36
东北	辽宁	13.75	26.66	9.12	12.71
	吉林	4.21	3.57	4.32	3.48
	黑龙江	7.80	7.17	6.25	5.70
东部平均		24.31	22.96	21.37	18.03
中部平均		12.11	14.29	7.66	7.49
西部平均		11.79	11.04	6.87	6.37
东北平均		9.91	15.79	7.00	7.88
全国平均		16.63	16.96	12.73	11.34

资料来源：笔者计算。

---

① 如第三节所述，由于无法使用与其他省份相一致的方法核算西藏的碳排放数据，故此处不纳入出口对西藏的碳排放贡献率。

由上述分析能够看出，出口对中国各省份就业与碳排放的贡献率存在不平衡的现象，具体表现在以下几个方面。

第一，出口对各省份就业与碳排放的贡献率有明显的区域差异，呈现东高西低、南高北低的总体特征。东部沿海地区出口地理位置优越，参与价值链分工的程度较高。作为中国的主要出口区域，出口对东部沿海地区就业和碳排放的贡献率均远高于其他区域；中西部地区虽然间接地参与了由东部地区引领的出口价值链分工，但出口对其就业和碳排放的贡献率远低于东部地区。在区域内部，尤其是西部地区内部，也出现了区域分化。出口对南北地区的就业与碳排放的贡献率呈现差异性，这与南部地区参与价值链分工的程度相对较高有关，且与近年来我国经济增速呈现南高北低的特征相吻合。

第二，出口对各省份就业的贡献率显著低于碳排放。2012～2016 年，出口对几乎所有省份就业的贡献率均低于碳排放。以同期出口对省份增加值的贡献率（即出口依存度）[1] 为参照可以发现，出口对碳排放的贡献率大多高于对增加值的贡献率，而对就业的贡献率大多低于对增加值的贡献率。可见，出口对中国省份就业与碳排放的贡献率有失平衡，各省份在参与出口拉动的价值链的过程中，所付出的碳排放量较大，而获得的就业较少。虽然这与出口企业的劳动生产率较高有关，但也反映出中国在全球价值链中的分工在一定程度上仍处于环境效率较低的位置。

第三，出口对大多数省份就业与碳排放贡献率的差异呈现扩大态势。2012 年，出口对东部、中部、西部以及东北地区的平均碳排放贡献率分别为就业的 1.1、1.6、1.7 和 1.4 倍。但到了 2016 年，除西部地区两者差异基本不变外，东部、中部和东北地区分别扩大至 1.3、1.9 和 2.0 倍。西部地区这一差异未扩大主要是由于出口对西南各省份就业与碳排放的贡献率均有所下降，但碳排放的下降幅度更大。

第四，出口对就业与碳排放贡献率之间的失衡也存在区域差异，在中西部省份表现更为突出。虽在 2016 年存在扩大态势，出口对东部地区的就业与碳排放贡献率的差异始终最小，而大多数中西部省份的这一差异明显大于东

---

[1] 与就业碳排放类似地，出口对省份增加值的贡献率（出口依存度）是指某省份的出口增加值在其地区生产总值中的占比。

部地区。可见，虽然出口对各省份就业与碳排放的贡献率均存在差异，但这一差异在欠发达的中西部省份更为突出。除此之外，从各省份出口拉动的就业与碳排放绝对量的比值也能够看出，东部地区在付出更少碳排放的同时获得了更多的就业，其次是中部地区，西部的西南地区则明显高于西北。这一区域差异与中国各省份参与价值链分工的方式有关，东部地区多以电子信息、化学产品、纺织服装等部门的直接参与为主（见表8-2），碳排放强度相对较低；而中西部地区则以金属冶炼、电力生产、石油和煤炭开采等资源型部门的间接参与为主，碳排放强度相对较高。

表8-2　　　　　　　2016年各省份出口增加值的主要部门

地区		排名前3的部门	地区		排名前3的部门
东部	北京	批零；金融；电热	西部	广西	农业；金冶；通信
	天津	通信；批零；金冶		重庆	通信；批零；金冶
	河北	金冶；农业；金采		四川	通信；化工；金冶
	上海	通信；批零；化工		贵州	煤采；电热；农业
	江苏	化工；通信；金冶		云南	农业；金冶；食品
	浙江	化工；纺织；金融		西藏	金采；农业；服装
	福建	服装；农业；通信		内蒙古	煤采；金冶；批零
	山东	化工；农业；批零		陕西	煤采；通信；石油
	广东	通信；电气；服装		甘肃	金冶；电热；石油
	海南	农业；石焦；批零		青海	石油；金冶；农业
中部	山西	煤采；交通；金冶		宁夏	煤采；电热；金冶
	安徽	金冶；农业；电气		新疆	石油；农业；服装
	江西	金冶；化工；农业	东北	辽宁	金冶；化工；农业
	河南	通信；金冶；农业		吉林	交设；农业；食品
	湖北	通信；化工；农业		黑龙江	石油；农业；批零
	湖南	金冶；农业；批零			

注：2012年各省份出口增加值的主要部门与2016年差异很小，故仅展示2016年。
"批零"代表"批发和零售"，"电热"代表"电力、热力的生产和供应"，"通信"代表"通信设备、计算机和其他电子设备"，"金冶"代表"金属冶炼和压延加工品"，"农业"代表"农林牧渔产品和服务"，"金采"代表"金属矿采选产品"，"煤采"代表"煤炭采选产品"，"交设"代表"交通运输设备"，"交通"代表"交通运输、仓储和邮政"，"石油"代表"石油和天然气开采产品"，"石焦"代表"石油、炼焦产品和核燃料加工品"，"化工"代表"化学产品"，"纺织"代表"纺织品"，"电气"代表"电气机械和器材"，"服装"代表"纺织服装鞋帽皮革羽绒及其制品"，"食品"代表"食品和烟草"。

第七节　本章小结

通过以上对 2012～2016 年出口对中国各省份的就业与碳排放效应的分析发现，中国各省份在以东部地区为主的出口需求的拉动下，参与价值链分工的方式各有不同，出口拉动的碳排放和就业效应呈现出明显的区域差异。东部地区作为中国出口的主要地区，在通过自身大量的直接出口获取增加值的同时，也获得了相对较多的就业，并付出了大量的碳排放；相比较而言，中西部地区通过直接或间接参与出口所获得的增加值较低，同时所获得就业及付出的碳排放量也较低，且多以东部地区出口的间接拉动为主。在总体区域特征的基础上，一些省份又具有与所在区域其他省份不甚一致的特征。如东部以资源型产业为主的河北，其由出口拉动的就业及碳排放特征与中西部省份较为相似。西北与西南各省份也因资源禀赋、产业结构不同而呈现出不同的发展变化态势；东北三省之间由于产业结构、发展路径等的不同也存在差异。

出口在为中国经济增长贡献动力的同时，对各省份就业与碳排放的贡献率存在显著的不平衡现象。一方面，出口对中国各省份就业与碳排放的贡献率存在明显的区域差异。由于各省份参与价值链分工的程度不同，出口对各省份就业与碳排放的贡献率总体上呈现东高西低、南高北低的特点。另一方面，出口对中国各省份就业贡献率与碳排放贡献率存在显著的不平衡。出口在促进中国经济高速增长的同时，带来了较高的碳排放贡献率，但对就业的贡献率却相对较小。且在研究期间，多数省份的这一不平衡现象呈现扩大趋势。此外，由于各省份产业结构不同、参与价值链分工的方式不同，出口对各省份就业与碳排放贡献率之间失衡的程度也有所不同——东部地区的就业贡献率与碳排放贡献率之间的不平衡程度较小，中西部地区的这一不平衡则显著大于东部地区。可见，过度依赖东部沿海的出口格局已经对区域之间的平衡发展造成了影响，地理区位的差异和不平衡的政策等使得中国主要通过东部沿海地区直接参与全球分工，而中西部地区多通过东部沿海地区间接参与全球分工，往往处于低获利、高排放的生产环节。

基于上述主要结论，结合中国各省份的发展背景，尝试对中国各省份参与出口拉动价值链提出以下启示。第一，各省份在出口拉动的价值链中逐渐形成了自己的角色，如东部大多数省份的直接参与出口品生产的拉动作用，中部、西部及东北部大多数省份的资源支撑作用和间接参与。这一角色的多样性体现了各省份地理位置、资源禀赋、发展机遇等的特征，虽有失平衡性，但在一定程度上也取决于各省份当前的发展条件和发展阶段。平衡发展不等于同质化发展，应综合考虑各省份在出口拉动价值链中的角色特点及比较优势，在多样化发展的基础上加速产业优化和转型，使各省份能够在减少碳排放的同时获得更高的增加值，提高劳动生产率的同时通过技术创新创造更多新的就业。第二，由于出口对中国各省份就业与碳排放的贡献不平衡，在调整出口拉动价值链的发展方向时，应注重发挥价值链的正向传导作用，使其成为促进地区经济、社会、环境平衡发展的有效工具。利用价值链的传导作用以及价值链龙头企业的带动作用，一方面能够提高生产率和工资水平，提高福利水平的同时推动创造更多的就业机会，使各省份通过参与国际、国内价值链，提高整体就业水平和就业质量（World Bank Group，2020）；另一方面也能够加快低碳生产技术的研发并推动其通过价值链进行扩散，有效发挥技术进步的溢出效应，加速实现绿色发展。第三，出口的就业与碳排放效应与各省份在价值链分工中的参与程度、参与方式、产业结构等具有一定关系，中国各省份应在遵从一般规律的基础上采取适当的措施调整其在出口拉动价值链中的位置和角色，在减少碳排放的同时，提高就业和经济收益。例如，在当前产业转移的进程中，鼓励和吸引东部较低碳和高效的企业在资源、条件等允许的情况下向中西部转移，将可能有助于中西部省份调整和转变其参与价值链分工的角色，提升其在价值链分工中的地位，促进地区经济、社会与环境的平衡发展。

（执笔人：潘晨）

第九章

美国加征关税对国内区域经济总量与就业的影响

本章旨在分析美国加征关税对国内区域经济总量、就业及主要行业的影响。该影响既包含国内某一省份对美直接出口受到的影响，又包括其他省份对美出口变动对该省份产生的间接影响。本章利用包含所有省份的省际投入产出表及各省分行业出口数据和就业数据，测算不同情景下关税变动引起的各省出口变化所带来的增加值和就业的变化。研究表明，美国加征关税对各地区经济总量与就业的影响存在明显差异，东部地区受到的直接冲击明显，而中西部省份主要为间接影响。在加征关税的三种情景设定中，全面实施3 000亿美元加税清单对我国各地区生产总值和就业的负面影响最大。从行业层面来看，美国加征关税对各区域通信设备、计算机和其他电子设备行业的增加值和就业的影响更为明显，对其他行业的影响则因各省份的产业结构、资源禀赋不同有所差异。

第一节　美国对华经贸摩擦的背景及演进过程

一、美国对华经贸摩擦的历史背景

中美两国分别为世界上最大的发展中国家和发达国家，两国经济总量约占世界的40%，对全球经济的繁荣稳定发挥着重要作用。中美互为重要的贸易伙伴，2019年中美双边贸易额为5 412.23亿美元，是1979年建交时的216倍，根据联合国贸易和发展会议（UNCTAD）数据，2018年美国为中国第一大货物贸易出口市场和第三大进口来源国。中美建交以来，双边经贸联系日益紧密，尤其是21世纪以来，随着全球化的进程加快，中美在双边或多边贸易规则的框架下，发挥各自比较优势参与全球分工体系。中美经贸关系的健康发展不仅为中美两国的消费者和企业创造福利，同时也惠及全世界。

2017 年美国总统特朗普上台后，以"美国优先"为口号，频频采取单边主义和贸易保护主义措施，与多国挑起贸易摩擦，尤其是对中国的贸易争端愈演愈烈。美国政府以国家安全及"中方的不公平做法"导致贸易失衡为由率先挑起中美贸易摩擦，对中方商品加征关税、对中国企业展开无端制裁，其做法严重违反世界贸易组织规则，并破坏全球产业链和自由贸易体制。2017 年 8 月，特朗普签署总统备忘录，授意美国贸易代表办公室（USTR）对中国发起"301 调查"，旨在调查中国在技术转让、知识产权、创新等领域是否存在歧视性或不合理政策，对美国商业活动产生的负面影响，此举可视为中美经贸摩擦的肇始①。2017 年 12 月和 2018 年 1 月美国政府分别发布了《国家安全战略报告》和《国防战略报告》，在战略层面将中国定义为"修正主义国家"和"战略竞争对手"。2018 年 3 月，USTR 发布《对华 301 调查报告》，提出所谓的"不公平的技术转让制度""歧视性的许可注册限制""通过对外投资不正当地获取美国企业先进技术"等 5 项不实指控，为发动贸易战寻找"依据"②，特朗普据此表示对价值 600 亿美元的中国输美产品加征关税，并限制中国企业对美投资并购，从而正式挑起经贸摩擦。

二、美国对华加征关税的演进过程

2018 年 7 月以来，美国政府分四次对中国出口至美国的商品加征关税（见表 9 - 1），分别是：2018 年 7 ~ 8 月分别对 160 亿美元、340 亿美元输美产品加征 25% 关税；2018 年 9 月对 2 000 亿美元输美产品加征 10% 关税；2019 年 5 月将 2 000 亿美元产品加征关税税率由 10% 提高至 25%。2019 年 9 月 1 日对 3 000 亿美元中国输美产品第一批加征 10% 关税，并宣称对清单中部分商品暂缓加征关税至 12 月 15 日。加征关税不仅引发中美两国贸易额下

---

① 包善良：《中美贸易争端的演进过程、动因及发展趋势》，载于《国际关系研究》2018 年第 4 期，第 56 ~ 76 页。

② 任泽平：《全面客观评估美国对华〈301 报告〉》，https：//www.sohu.com/a/252417187_467568。

滑①，形成较大的福利损失（价格上升导致的消费者剩余减少的部分），也为世界经济发展蒙上了阴影②。

表 9—1 美国加征关税的过程

加征轮数	加征清单		加征时间	商品数量（项）	关税税率
第一轮	500 亿美元清单	340 亿美元	2018/07/06	818	25%
		160 亿美元	2018/08/23	284	25%
第二轮	2 000 亿美元清单		2018/09/24	6 031	10%
第三轮	2 000 亿美元清单		2019/05/10	6 031	25%
第四轮	3 000 亿美元清单	第一批	2019/09/01	3229	10%（提高至 15%）
		第二批	2019/12/15（未加征）	564	10%（提高至 15%）

注：根据美国贸易代表办公室（USTR）网站资料绘制。

美国对华加征第一轮关税。2018 年 4～6 月中美双方经过多轮沟通与磋商，但美国政府反复无常，于 2018 年 6 月 15 日发布加征关税的商品清单，对价值约为 500 亿美元的中国输美商品（主要涉及通信设备、计算机和其他电子设备、仪器仪表等领域）加征 25% 关税，其中第一批清单的 818 个类别商品（价值 340 亿美元）于 7 月 6 日实施，第二批清单的 284 个类别商品（价值 160 亿美元）于 8 月 23 日生效。与此同时，中国迫不得已启动反制措施。

美国对华加征第二轮关税。美国在推出 500 亿美元加征关税商品清单后，又变本加厉，采用极限施压的做法，威胁将制定 2 000 亿美元征税清单。2018 年 9 月 24 日，美国政府对价值 2 000 亿美元的中国输美商品（共 6 031 个类别商品，主要涉及食品和农产品、化学产品、通信设备、计算机和其他电子设备等领域）征税 10%，宣称该税率将于 2019 年 1 月 1 日提至 25%，并威胁如果中国政府反制，则对约 2 670 亿美元的额外进口加征关税。

---

① 根据海关信息网：《海关统计月报：进出口商品国别（地区）总值表》数据计算，2019 年一季度中国对美国进出口、出口、进口总值分别同比下降 5.8%、8.8% 和 31.4%。

② 由于对中美经贸关系前景的担忧，世界银行（WB）与国际货币基金组织（IMF）分别将 2019 年全球经济增长预期下调至 2.9% 和 3.3%，世界贸易组织（WTO）将 2019 年全球贸易增长预期下调至 2.6%。

美国对华加征第三轮关税。至此，中美双方已经举行十轮高级别磋商。2019 年 5 月 6 日，特朗普突然宣布，将从 5 月 10 日起对 2 000 亿美元商品（涉及 6 031 个类别商品，主要涉及领域同上）加征关税税率由 10% 提高至 25%，且短期内将对另外 3 250 亿美元商品征收 25% 的关税。2019 年 5 月 10 日，美国政府对 2 000 亿美元商品清单加征 25% 的关税。

美国对华加征第四轮关税。2019 年 8 月 2 日，美国总统特朗普表示，美国将从 9 月 1 日起对价值 3 000 亿美元的中国商品加征 10% 的关税。2019 年 8 月 28 日，USTR 宣布对价值 3 000 亿美元的中国商品加征关税税率由原定的 10% 提高至 15%，并分两批实施，实施日期分别为 9 月 1 日和 12 月 15 日；同时对 2500 亿美元关税税率从 25% 提高到 30% 征求公众意见，并于 2019 年 10 月 1 日生效。2019 年 9 月 1 日对 3 000 亿美元中国输美产品第一批加征 10% 关税。

中美签署第一阶段经贸协议。2019 年 12 月 13 日，中美就第一阶段经贸协议文本达成一致，美国取消原计划于 12 月 15 日起对中国价值 1 600 亿美元产品征收的高关税；将原计划对中国价值 1 200 亿美元产品征收的关税从 15% 降到 7.5%；原计划对中国价值 2 500 亿美元产品征收 25% 的关税，保持不变。2020 年 1 月 15 日中美双方签署第一阶段经贸协议。

第二节　影响机制和研究方法

一、美国加征关税对国内区域的影响机制

美国加征关税通过何种机制对中国各区域产生影响呢？近年来，随着基础设施和信息通信技术的发展，全球分工的内容与形式不断演化，国内各地区通过直接或间接的方式参与到全球分工体系之中。由于各地区在全球分工体系中担任的角色不一样，所处的位置不同，参与的形式存在差异，因此，中美经贸摩擦的影响并非各地区均匀承担，地区之间可能存在较大差别。那么，美国加征关税对中国宏观经济及区域经济的影响大致分为以下三种路径。

影响机制 1：价格渠道。

美国加征关税对中国进出口贸易的影响首先通过价格渠道发挥效应，主

要体现在两方面：其一，美国加征关税直接表现为中国出口美国商品的价格，贸易成本迅速抬高，进而引致中国出口美国商品的缩减；其二，中国生产出口美国产品中蕴含的中间投入很大部分来自美国，尤其是高科技产品，因此美国加征关税也将间接影响中国对美国进口。美国加征关税对中国进出口贸易均产生一定程度的影响，实际产生的效应则取决于二者变化幅度的强弱，而该变化幅度则与中美贸易结构及关税加征清单涉列产品密不可分。

影响机制2：价值链分工。

伴随全球生产网络分工的日益细化，商品生产链条活动被切割到世界不同国家或地区，同时国内不同省份通过直接或间接的方式参与到全球价值链分工之中。因此，美国加征关税沿着价值链对生产活动的影响主要有：一方面，从整体来看，中国在全球价值链分工中往往承担着终端环节的加工活动，当美国对进口中国产品加征关税时，会对商品生产原料端（上游端）产生连带作用，中国对美出口的减少将引致中国进口日韩中间产品降低。另一方面，从国内区域来看，随着国内市场化水平不断提升，各地区之间的经济联系日益增强[1]，东部省份更多直接参与全球价值链分工，而中西部省份主要通过为东部省份提供能源、原材料与初级产品等方式间接参与价值链分工，美国加征关税可直接影响中国东部省份出口，进而减少对原材料、初级产品等的使用，间接影响中西部省份的增加值和就业。

影响机制3：贸易转移效应。

美国对中国加征关税将会对产品市场产生贸易转移效应。具体地，美国对来自中国的产品加征关税时，中国出口美国的商品价格也会提高。相应地，美国进口其他国家的商品价格相对降低，中国产品在美国市场的竞争力将会削弱，为其他发展中国家参与全球分工和进入美国市场提供机会。这将导致美国进口其他国家或地区的产品会相应增加，以满足其国内需求，产生较强的贸易转移效应，最终导致中国由直接参与美国市场转变为间接参与美国市场。

---

[1] 根据国务院发展研究中心编制的《2012年中国地区扩展投入产出表》计算。1997～2012年全国区际贸易总额和区际贸易依存度分别增长了8.5倍和26.6%。

二、研究方法

本章以我国大陆 31 个省（区市）为研究对象，从全球分工联系的视角分析美国加征关税对国内各省份的影响。由于各省份的产业结构不同，不同批次的关税清单所针对的行业存在差异，各省份的经济总量、就业及主要行业将受到不同程度的冲击。本章主要分析美国加征关税的不同情景下，我国各省份的经济总量和就业情况将受到怎样的影响。

研究方法采用全球多国模型和国内区域模型相连接的模拟方法（见图 9 - 1）。具体分为三个步骤。

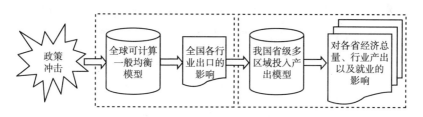

图 9 - 1 美国加征关税对国内区域影响模拟的逻辑框架

（1）政策冲击情景设计。

本章情景设计包括美国加征关税的三种情景，并测算三种情景下我国各省份经济总量、就业及主要行业所受到的影响，如图 9 - 2 所示。

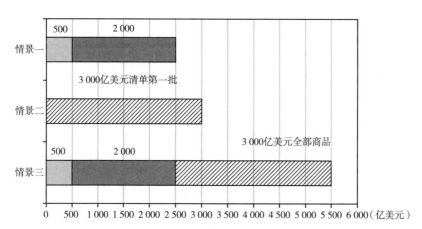

图 9 - 2 美国对我国输美商品加征关税的三种情景

情景一：2018 年 7 月以来，美方对我国输美的 500 亿美元、2 000 亿美元商品加征 25% 关税。

情景二：2019 年 9 月 1 日对 3 000 亿美元输美商品清单的第一批加征 10% 关税。

情景三：对 5 500 亿美元输美商品清单加征 25% 关税。

（2）通过全球多国模型模拟美加征关税对我国各行业出口的影响。

本章利用世界银行开发的 Envisage 模型①模拟美国加征关税对我国各行业出口的影响。该模型是一个全球可计算一般均衡模型，不仅详细刻画了全球不同国家和经济体内部的生产者、消费者以及政府之间的经济联系，还刻画了不同国家和经济体之间经贸关系和产业联系。因此可以用于模拟关税变动对全球不同国家和经济体的影响。本书所采用的模型版本将全球区分为 19 个国家和区域，重点区分了中国、美国以及中美两国的主要贸易伙伴等（见表 9 - 2）。该模型包含 24 个行业，具体如表 9 - 3 所示。

表 9 - 2　　　　　　　　　　全球模型涉及的国家和地区

序号	国家或地区	序号	国家或地区
1	中国	11	中东欧
2	美国	12	中东北非
3	欧盟	13	大洋洲
4	日本	14	俄罗斯
5	韩国	15	其他东亚国家和地区
6	巴西	16	其他南亚国家和地区
7	加拿大	17	其他亚洲国家和地区
8	印度	18	撒哈拉以南非洲
9	墨西哥	19	其他美洲国家和地区
10	东盟		

基于前面情景设定中不同行业关税的变化幅度，利用 Envisage 模型即可模拟不同情景下加征关税后中国各行业的出口，与未加征关税时的出口进行

---

① 关于模型的细节参见 https：//ledsgp. org/wp - content/uploads/2015/09/ENVISAGE. pdf。

比较测算变化幅度，即不同情景下中国各行业出口所受到的影响。

表 9 - 3 　　　　　　　　　本章所用全球模型涉及行业

1	农业	9	家具	17	其他运输设备
2	煤炭	10	纸制品	18	电子设备
3	石油	11	化工	19	机器设备
4	天然气	12	建材	20	其他制造业
5	矿产品	13	钢铁	21	电力
6	食品加工	14	有色金属	22	水
7	纺织	15	金属制品	23	建筑
8	纺织、鞋帽	16	汽车	24	服务业

（3）通过国内省级多区域投入产出模型模拟美加征关税对我国各区域的影响。

根据所得到的全国分行业结果与我国省级多区域投入产出模型进行软连接，来估计美国加征关税对我国各省份出口增加值的绝对影响和相对影响。方法如下：

$$\Delta v = \widehat{fv} \cdot L \cdot \Delta e \qquad (9-1)$$

$$\Delta e = re \cdot e \qquad (9-2)$$

$$\Delta v^{s, \cdot \cdot} = \theta \cdot \Delta v \qquad (9-3)$$

其中，Δv 表示美国加征关税对我国各省份各部门出口增加值的绝对影响；$\widehat{fv}$ 为分省份、分行业的增加值率的对角矩阵；L 为列昂惕夫逆矩阵，表征各省份生产的中间投入结构；Δe 代表美国加征关税对我国各省份、各行业出口的绝对影响的列向量，其由美国加征关税对我国分行业出口的相对影响（re）与出口量（e）乘积而来，见公式（9-2）。利用公式（9-3）可计算美国加征关税对我国各省份出口增加值的绝对影响（$\Delta v^{s, \cdot \cdot}$），$\theta$ 为适应的求和算子。由于受到数据可得性的限制，本章采用 2012 年的增加值率及列昂惕夫逆矩阵，即假设 2017 年的增加值率及中间投入结构与 2012 年相同；出口向量则采用 2017 年的数据。根据美国加征关税对我国各省份出口增加值的绝对影响，即可得其对各省份经济总量的相对影响：

$$rv^{s,\cdot\cdot} = \Delta v^{s,\cdot\cdot}/g^s \qquad\qquad (9-4)$$

其中，$rv^{s,\cdot\cdot}$ 代表美国加征关税对我国各省份经济总量的相对影响，其为美国加征关税对我国各省份出口增加值的绝对影响（$\Delta v^{s,\cdot\cdot}$）与相应省份地区生产总值（g^s）之比。

进一步地，本章测算了美国加征关税对我国各省份就业的影响。与美国加征关税对各省份经济总量的影响类似地，将第（2）部分 Envisage 模型所得到的各情景下美国加征关税对我国分行业出口的相对影响与我国省级多区域投入产出模型进行软连接，可以估计美国加征关税对我国各省份就业人数的绝对影响和相对影响。具体方法如下：

$$\Delta em = \widehat{f} \cdot L \cdot \Delta e \qquad\qquad (9-5)$$

$$\Delta em^{s,\cdot\cdot} = \theta \cdot \Delta em \qquad\qquad (9-6)$$

其中，Δem 代表美国加征关税对我国各省份各部门就业人数的绝对影响；$\widehat{f}$ 为分省份、分行业的就业强度（就业人数与相应总产出之比）的对角矩阵；L 和 Δe 的含义同公式（9-1）。利用公式（9-6）可计算美国加征关税对我国各省份就业人数的绝对影响（$\Delta em^{s,\cdot\cdot}$），θ 为适应的求和算子。囿于数据可得性的限制，本章采用了 2012 年的列昂惕夫逆矩阵，即假设 2017 年的中间投入结构与 2012 年相同；同时采用了 2016 年的就业强度，即假设 2016 年的就业强度与 2012 年相同（就业强度计算方法见第八章）；出口向量仍采用 2017 年的数据。根据美国加征关税对我国各省份就业人数的绝对影响，即可得其对各省份就业人数的相对影响：

$$rem^{s,\cdot\cdot} = \Delta em^{s,\cdot\cdot}/em^s \qquad\qquad (9-7)$$

其中，$rem^{s,\cdot\cdot}$ 代表美国加征关税对我国各省份就业人数的相对影响，其为美国加征关税对我国各省份就业人数的绝对影响（$\Delta em^{s,\cdot\cdot}$）与相应省份就业总人数（em^s）之比，这里的就业总人数采用了 2017 年的数据。

第三节　美国加征关税对各地区经济总量的影响

不同情境下，美国加征关税对我国各省份经济总量的影响存在差异，且对各省份的影响方式不同。总体而言，加征关税对我国东部地区出口增加值的负面影响程度更大，且东部地区的出口增加值主要受到直接影响，中西部地区的出口增加值主要受到间接影响。

一、从总影响来看，东部沿海地区受到的影响程度最明显

经测算，情景一至情景三分别对我国的经济总量产生 0.45、0.09 和 0.95 个百分点的负面影响。可见，3 000 亿美元输美商品清单于 2019 年 9 月生效的部分对我国增加值的影响有限，为 718.16 亿元，仅相当于 GDP 的 0.09%；但是，若对 3 000 亿美元商品清单的剩余部分继续加征关税，并且将全部输美商品清单关税上调至 25%（情景三），对我国增加值的影响为 8 517.30 亿元，相当于 GDP 的 0.95%。从情景三对各省份经济总量受到的影响来看，广东的增加值受到的冲击最为明显，相当于其地区生产总值的 3.14%，对浙江、江苏、福建、上海的增加值的影响分别相当于各省（市）地区生产总值的 1.52%、1.50%、1.25%、1.13%（见图 9－3）。测算结果表明，与情景二的 2 500 亿美元清单相比，情景三的 3 000 亿美元加税清单对我国增加值的负面影响更大（尤其是加征 25% 的关税），主要是因为 3 000 亿美元清单涉及的商品生产链条更长，间接影响的部门更多，关税的累积影响也更加明显。

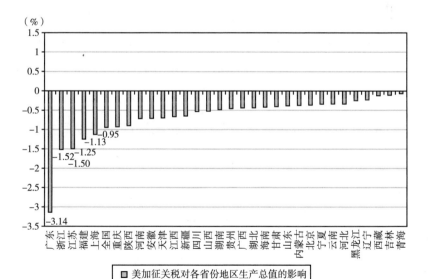

图 9－3　情景三情况下各省份增加值受到的影响

从各省份来看，无论哪种情景，广东、浙江、江苏、福建、上海等东部沿海地区的增加值受到的影响较为明显。例如，情景一对增加值负面影响较大的地区有广东（1.13%）、浙江（0.88%）、江苏（0.64%）、福建（0.55%）、上海（0.55%）、山东（0.40%）、天津（0.39%）、安徽（0.36%）、重庆（0.35%）、陕西（0.35%）；在情景二的情况下，增加值下降幅度较大的地区有浙江（0.35%）、福建（0.34%）、新疆（0.29%）、江西（0.15%）、广东（0.11%）、山东（0.11%）、河北（0.11%）、江苏（0.10%）、海南（0.09%）、山西（0.06%）；在情景三的情况下，增加值下降幅度较大的省份有广东（3.14%）、浙江（1.52%）、江苏（1.50%）、福建（1.25%）、上海（1.13%）、重庆（0.93%）、陕西（0.90%）、河南（0.72%）、安徽（0.71%）、天津（0.70%）。见附表1。

广东是全国受关税冲击最为严重的省份，与不加征关税相比，情景一至情景三的发生，将导致广东减少的增加值相当于其地区生产总值的1.13%、0.11%[①]和3.14%，远高于同期的全国平均水平。相对于中西部地区而言，东部沿海地区之所以受到影响更为严重，主要是由于东部沿海地区参与全球生产网络体系的程度高于其他地区，且出口是这些地区经济增长的重要引擎之一，加征关税对这些地区的出口增加值的影响更明显。其中，广东的地区生产总值受到的冲击最大，既与广东对出口拉动经济增长模式具有较高的依赖程度有关，也与其参与全球分工联系"两头在外"（即大量中间产品来源于国外，加工后又出口至国外）的特征相关。

二、东部地区主要受直接影响，中西部地区主要受间接影响

加征关税对国内各省份经济影响的模式不同，对东部地区经济的影响主要为直接影响，对中西部地区的影响主要为间接影响。

以情景三为例，如果美国加征关税，将会对广东的增加值产生 −3.14%（相当于地区生产总值）的影响，其中，直接影响为 −3.08%，间接影响为 −0.06%。加征关税对广东、浙江、江苏、福建、上海等沿海地区的直接影

---

① 2019年9月1日实施的商品清单主要涉及纺织服装鞋帽皮革羽绒及其制品、纺织品、农林牧渔产品和服务等行业，对浙江、福建、新疆的地区生产总值影响较大。

响要明显高于间接影响。从直接影响的绝对值来看，广东（-3.08%）、浙江（-1.30%）、江苏（-1.20%）、福建（-1.10%）、上海（-0.81%）、重庆（-0.67%）、四川（-0.46%）、陕西（-0.46%）、天津（-0.45%）、江西（-0.39%）为增加值下降幅度较大的地区。从直接影响的相对值（直接影响/间接影响）来看，广东（51.37）、福建（7.35）、四川（6.50）、浙江（5.87）、江苏（4.10）、山东（3.95）、湖北（3.57）、重庆（2.66）、上海（2.53）、天津（1.81）为受影响较大的地区，如图9-4所示。

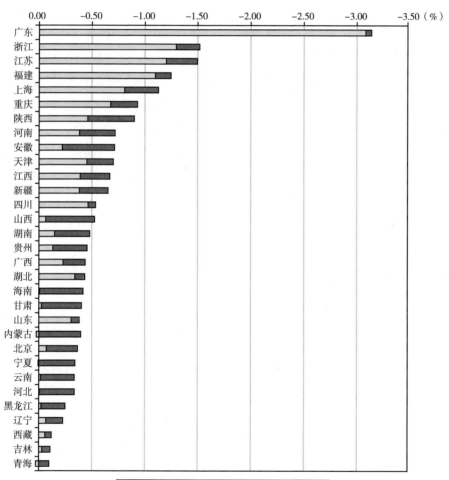

图9-4　情景三对国内各省份地区生产总值的直接与间接影响

    然而，对于大多数中西部地区，间接影响高于直接影响。以安徽为例，如果情景三发生，对安徽增加值的总影响为－0.71%（相当于地区生产总值），其中，直接影响为－0.22%，间接影响为－0.49%。山西、陕西、内蒙古、甘肃等中西部地区也具有类似特征。从对各省份增加值受到间接影响的绝对值来看，安徽（－0.49%）、山西（－0.46%）、陕西（－0.44%）、海南（－0.41%）、内蒙古（－0.39%）、甘肃（－0.38%）、宁夏（－0.34%）、河南（－0.34%）、湖南（－0.33%）、河北（－0.33%）为增加值下降幅度较大的地区。从间接影响的相对值（间接影响/直接影响）来看，宁夏（192.30）、河北（72.43）、海南（57.41）、云南（20.40）、内蒙古（16.15）、甘肃（15.83）、黑龙江（10.93）、山西（7.39）、北京（4.23）、青海（3.28）为受影响较大的地区。

    加征关税对东部与中西部地区呈现出不同的影响，主要由于东部与中西部各省份参与全球分工体系的方式不同。东部地区主要通过直接出口与进口参与全球产业分工，美国加征关税可以通过直接影响这些省份出口的方式，减少对这些地区增加值的拉动。而中西部省份主要通过为沿海地区提供能源、原材料与初级产品等方式间接参与全球产业分工，大量增加值隐含在其他省份的出口中，所以美国加征关税更多是通过影响其他省份出口的方式，间接减少对这些省份的增加值的拉动。

第四节　美国加征关税对各地区就业需求的影响

    由于各省份就业人口、就业结构存在差异，美国加征关税对我国各省份就业需求的影响同样存在不同，研究表明，部分东部沿海地区和中部地区的河南、安徽等省份的就业需求受到的影响较大。此外，加征关税对我国各省份就业的直接影响与间接影响程度不一。

一、加征关税对东部地区的就业需求冲击最明显

    从全国层面来看，情景一、情景二和情景三将分别降低就业需求203.80万人、82.35万人和461.85万人，分别相当于全国就业人员总数的0.26%、0.11%和0.59%。从三种情景的结果对比来看，情景三对就业需求的影响程度最大。

    不同情景对各地区就业需求的冲击不同，但无论是何种情景，东部地区的

广东、浙江、江苏、福建、山东与中部地区的河南受到的影响较为明显。情景一对就业需求（绝对值）影响较大的地区依次为：广东（53.99万人）、浙江（23.68万人）、山东（18.45万人）、江苏（16.9万人）、河南（11.95万人）、安徽（9.71万人）、福建（9.61万人）、河北（6.92万人）、湖南（6.53万人）、辽宁（6.45万人）；从相对值（绝对值/该省全部就业人员数）来看，广东（0.85%）、浙江（0.62%）、上海（0.44%）、江苏（0.36%）、福建（0.34%）、天津（0.30%）、辽宁（0.28%）、山东（0.28%）、海南（0.26%）、安徽（0.22%）为就业需求受影响最明显的10个地区[①]。可见，对2 500亿美元商品加征25%关税，就业需求下降最明显的省份为广东，其他下降较为明显的地区也多属于东部地区。从绝对值上看，山东、河南等人口大省的就业需求规模下降较大，但从相对值来看这些地区受到的冲击相对较弱。

情景二对就业需求（绝对值）影响较大的地区为：浙江（15.32万人）、广东（10.15万人）、山东（9.36万人）、福建（7.72万人）、江苏（6.25万人）、河北（5.58万人）、新疆（4.56万人）、江西（4.36万人）、河南（3.94万人）、安徽（3.57万人）；从相对值来看，浙江（0.40%）、新疆（0.35%）、福建（0.28%）、江西（0.16%）、广东（0.16%）、山东（0.14%）、河北（0.13%）、江苏（0.13%）、海南（0.12%）、辽宁（0.09%）为就业需求受冲击最明显的10个地区。可见，对3 000亿美元清单（第一批）加征10%关税，浙江的就业需求受冲击最明显，其他受冲击较为明显的省份也多属于东部地区。西部地区的新疆的就业需求受到较大幅度的冲击，与加征关税的商品清单有关，其中主要涉及纺织服装鞋帽皮革羽绒及其制品、纺织品等行业。

情景三对就业需求（绝对值）冲击较明显的地区为：广东（152.22万人）、浙江（52.03万人）、江苏（50.20万人）、河南（32.74万人）、山东（23.54万人）、福建（22.91万人）、安徽（19.25万人）、上海（15.83万人）、江西（12.27万人）、河北（11.61万人）；从相对值来看，就业需求下降幅度最明显的10个地区为：广东（2.40%）、浙江（1.37%）、上海（1.15%）、江苏（1.06%）、福建（0.82%）、天津（0.59%）、新疆（0.51%）、河南

---

① 就业需求（绝对值）影响较大的地区括号中的数字为各省份就业需求下降的规模；就业需求相对值影响较大的地区括号中的数字为各省份就业需求减少的人口规模占全部就业人口的比重。下同。

（0.48%）、江西（0.46%）、安徽（0.44%）。可见，如果对全部5 500亿美元输美商品加征25%关税，就业需求受到冲击最大的省份为广东，此外，浙江、上海、江苏、福建等沿海地区就业需求下降的幅度也较大。河南、安徽、江西、新疆等中西部分地区的就业需求也受到了一定程度的冲击（见附表2）。

二、东部地区主要受直接影响，中西部地区主要受间接影响

从加征关税对各省份就业的直接和间接影响来看，东部地区的就业需求主要受到直接影响，中西部地区的就业需求主要受到间接影响（见图9-5）。

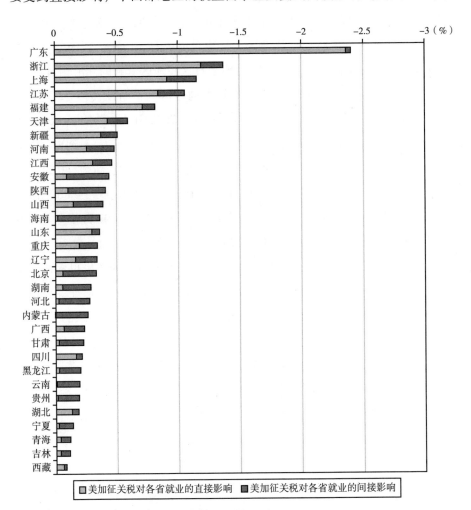

图9-5　情景三中各省份就业受到的直接与间接影响

以情景三为例，如果美国对全部输美的 5500 亿美元商品加征关税，将会对广东的就业需求产生 -2.40% 的影响，其中，直接影响为 -2.36%，间接影响为 -0.04%。加征关税对广东、浙江、上海、江苏、福建等沿海地区的直接影响要明显高于间接影响。从对各省份就业需求直接影响的绝对值来看，广东（2.36%）、浙江（1.19%）、上海（0.91%）、江苏（0.84%）、福建（0.71%）、天津（0.43%）、新疆（0.37%）、江西（0.30%）、山东（0.29%）、河南（0.26%）为下降幅度较大的地区；从相对值（直接影响/间接影响）来看，广东（60.23）、福建（7.04）、浙江（6.61）、山东（4.60）、江苏（3.93）、上海（3.81）、四川（3.30）、西藏（2.83）、新疆（2.76）、天津（2.62）为直接影响较为明显的地区。①

从对各省份就业需求的间接影响的绝对值来看，安徽（0.35%）、海南（0.34%）、陕西（0.31%）、北京（0.27%）、内蒙古（0.26%）、河北（0.25%）、山西（0.24%）、上海（0.24%）、河南（0.23%）、湖南（0.23%）等地区的就业需求下降幅度较大；从相对值（间接影响/直接影响）来看，内蒙古（57.00）、云南（23.45）、海南（17.58）、贵州（12.27）、河北（9.82）、甘肃（7.54）、黑龙江（6.25）、宁夏（5.06）、北京（4.62）、湖南（4.00）为受间接影响较为明显的地区。②

可见，从加征关税对各省份的影响方式来看，对于广东、浙江、上海、江苏等东部地区，加征的关税主要通过直接影响本省出口，从而降低相应省份的就业需求；而对于安徽、陕西、内蒙古、山西、河南等中西部地区，加征的关税主要通过间接影响省内出口降低就业需求。

第五节　美国加征关税对各地区不同
行业增加值和就业的影响

由于全国各区域要素禀赋各异、产业结构不一、参与分工的方式不同，美国加征关税对各地区的行业影响不同。在区域层面，本节对四大地区（东

---

①② 直接影响（或间接影响）绝对值较大地区括号中的数字为就业需求下降的幅度；相对值较明显地区括号中的数字为直接影响（或间接影响）与间接影响（或直接影响）的比重。

部、中部、西部、东北地区）各行业受到的影响进行分析，进一步揭示各地区受到冲击的主要行业。

一、从行业层面看不同情景对各地区增加值的影响

从全国分行业总量层面来看，情景一对全国各行业增加值影响最大的行业为通信设备、计算机和其他电子设备业，此外，化学产品、木材加工品和家具、造纸印刷和文教体育用品、批发和零售等行业的增加值也受到较大影响。情景二对全国各行业增加值影响最大的行业为纺织服装鞋帽皮革羽绒及其制品业，纺织品、化学产品、农林牧渔产品和服务、批发和零售等行业的增加值受到的影响也较大。情景三对全国各行业增加值影响最大的行业为通信设备、计算机和其他电子设备业，此外，电气机械和器材、纺织服装鞋帽皮革羽绒及其制品、批发和零售、化学产品等行业的增加值受到的负面冲击也较为严重。

从区域的视角来看，各种情景通过不同行业影响四大板块的增加值变动，具有如下的特征：一是不同情景下，同一区域受到影响的主要行业不同。例如，对东部地区增加值受到的冲击，情景一主要影响通信设备、计算机和其他电子设备，电气机械和器材，化学产品，木材加工品和家具，造纸印刷和文教体育用品等行业；情景二主要影响纺织服装鞋帽皮革羽绒及其制品业，纺织品，化学产品，农林牧渔产品和服务，批发和零售等行业；情景三主要影响通信设备、计算机和其他电子设备，电气机械和器材，纺织服装鞋帽皮革羽绒及其制品业，批发和零售，化学产品等行业。二是各种情景下，区域之间受到影响的主要行业不同。比如，情景一对各区域增加值冲击最严重的行业，东部地区为通信设备、计算机和其他电子设备业，中部地区为金属冶炼和压延加工业，西部地区为煤炭采选产品业，东北地区主要为农林牧渔产品和服务业；情景二对各区域增加值冲击最严重的行业，东部、中部和东北地区均为纺织服装鞋帽皮革羽绒及其制品业，西部地区为农林牧渔产品和服务业；情景三对各区域增加值冲击最严重的行业，东部、中部和西部地区均为通信设备、计算机和其他电子设备业，东北地区为石油和天然气开采产品业。

可见，在各种情景下，东部省份主要受到影响的行业有通信设备、计算机和其他电子设备，电气机械和器材，纺织服装鞋帽皮革羽绒及其制品等行业。中西部省份的通信设备、计算机和其他电子设备，煤炭采选产品，农林

牧渔产品和服务等行业受到的影响较明显（见附表3）。

　　然而，即使是同一区域的省份，其各行业受到的影响也存在差异，以广东、江苏、浙江为例，三者皆为我国的东部沿海省份，是我国经济发展最为发达的三个省份，但是美国加征关税对三个省份各行业的影响存在明显差异。以情景三为例，对于广东而言，对通信设备、计算机和其他电子设备行业的负面冲击最严重，该行业受到影响的增加值占全部行业的44.5%，电气机械和器材行业的占比次之，为13.2%，两个行业的增加值变动占全部行业增加值变动的57.7%（见图9-6）；江苏的通信设备、计算机和其他电子设备也是该省份各行业中受到影响最大的行业，该行业增加值的变动占全部行业增加值变动的30.6%，电气机械和器材业、化学产品业的占比分别为11.2%和9.3%，三个行业增加值的变动占全部行业增加值变动的51.1%（见图9-7）；浙江受到冲击的主要行业的增加值变动差异较小，其中，纺织服装鞋帽皮革羽绒及其制品业为增加值变动最大的行业，该行业增加值变动占全部行业增加值变动的18.6%，电气机械和器材业次之，占比为17.3%，批发和零售业，农林牧渔产品和服务业，通信设备、计算机和其他电子设备的占比分别为9.6%、9.6%、9.1%（见图9-8）。

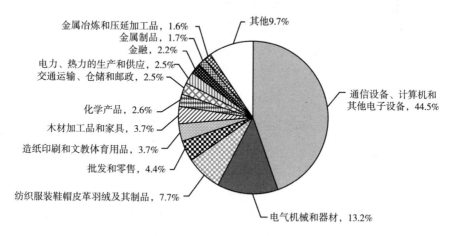

图9-6　美国加征关税对广东各行业增加值的影响

　　可见，从总体来看，美国加征关税对通信设备、计算机和其他电子设备行业的影响最明显，而对其他行业的影响因各省份的产业结构、资源禀赋不同而有所差异。

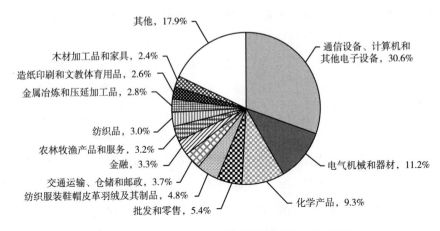

图9-7　美国加征关税对江苏各行业增加值的影响

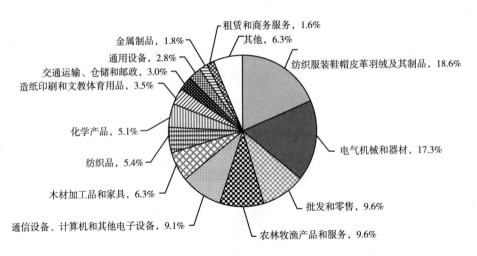

图9-8　美国加征关税对浙江各行业增加值的影响

二、从行业层面看不同情景下各地区就业受到的冲击

由于不同情景下加征关税的商品清单不同，对各行业就业需求的冲击也存在差别。另外，不同地区产业特征存在差异，受到冲击影响的主要行业存在不同。从各种情景来看，就业需求受到影响的主要行业为通信设备、计算机和其他电子设备，农林牧渔产品和服务，批发和零售，纺织服装鞋帽皮革羽绒及其制品，电气机械和器材等（见附表3）。

从全国层面来看，就业需求受情景一影响最大的行业为农林牧渔产品和服务业，此外，批发和零售，通信设备、计算机和其他电子设备，造纸印刷和文教体育用品，木材加工品和家具等行业的就业需求也受到较大影响。情景二对全国各行业就业需求影响最大的行业为纺织服装鞋帽皮革羽绒及其制品业，此外，通信设备、计算机和其他电子设备，批发和零售，纺织品等行业的就业需求也受到较大影响。情景三对全国各行业就业需求影响最大的行业为通信设备、计算机和其他电子设备业，此外，农林牧渔产品和服务业、批发和零售、纺织服装鞋帽皮革羽绒及其制品、电气机械和器材等行业的就业需求也受到较大影响。

从区域的视角看，各种情景影响四大板块的就业需求存在行业异质性特征，具有如下的特征：一是相同情景下，同一区域增加值与就业需求受到影响最大的行业存在不同。例如，情景一对东部地区通信设备、计算机和其他电子设备业的增加值影响最明显，对农林牧渔产品和服务业的就业需求影响最大；情景二对中部地区的增加值影响最明显，对纺织服装鞋帽皮革羽绒及其制品业的增加值影响最明显，对农林牧渔产品和服务业的就业需求影响最大；情景三对中西部地区通信设备、计算机和其他电子设备业的增加值影响最明显，对农林牧渔产品和服务业的就业需求影响最大。

二是相同情景下，区域之间受到影响的主要行业存在一定差异。例如，情景二和情景三对东部地区就业需求影响最大的行业分别为纺织服装鞋帽皮革羽绒及其制品业和通信设备、计算机和其他电子设备业，但两种情景对中部、西部及东北地区就业需求影响最大的行业却为农林牧渔产品和服务业。

三是不同情景下，区域内部受到影响的主要行业不同。例如，东部地区就业需求受到的冲击，情景一主要影响农林牧渔产品和服务，通信设备、计算机和其他电子设备，批发和零售，造纸印刷和文教体育用品，木材加工品和家具等行业；情景二主要影响纺织服装鞋帽皮革羽绒及其制品、农林牧渔产品和服务、纺织品、批发和零售、化学产品等行业；情景三主要影响通信设备、计算机和其他电子设备，电气机械和器材，纺织服装鞋帽皮革羽绒及其制品，批发和零售，化学产品等行业。

四是各种情景下，农林牧渔产品和服务业均为影响各地区就业需求最为明显的行业之一，尤其是对于中部、西部及东北地区，可能与该行业吸纳的就业人口较多有关。

第六节　主要发现与政策启示

一、本章主要发现

根据上文的分析，本章主要有以下发现：

一是从美国加征关税对各地区经济总量的影响程度来看，加征关税对广东、浙江、江苏、福建、上海等东部沿海地区的增加值的直接影响与总影响均较大；对于安徽、山西、陕西、内蒙古、甘肃等中西部地区，加征关税更多的是通过影响其他地区出口的方式，间接影响这些地区的增加值。从三种情景来看，情景三对我国各省份的增加值的负面冲击最为明显。

二是从美国加征关税对各地区就业需求的影响程度来看，无论是何种情景，东部地区的广东、浙江、江苏、福建、山东与中部地区的河南受到的影响均较为明显。美国加征关税主要通过直接影响出口的方式冲击沿海地区的就业需求，通过间接影响出口的方式冲击中西部地区的就业。

三是从美国加征关税对各地区各行业影响来看，不同情景下，区域内部①受到影响的主要行业不同；各种情景下，区域之间受到影响的主要行业不同；相同情景下，同一区域增加值与就业需求受到影响最大的行业存在不同。东部沿海省份主要受到影响的行业有：通信设备、计算机和其他电子设备，电气机械和器材，纺织服装鞋帽皮革羽绒及其制品，批发和零售，化学产品，农林牧渔产品和服务等行业；中西部省份受到影响较为明显的行业有：农林牧渔产品和服务，通信设备、计算机和其他电子设备，批发和零售，煤炭采选产品，金属冶炼和压延加工品等行业。

四是总体上看我国参与全球产业分工的环节仍处于中低端，获益能力低，缺乏"不可替代性"，以至于加征关税后缺乏足够的议价能力。当前，我国参与全球产业分工的环节还较短，中西部地区以提供能源、原材料与初级产品等方式间接参与全球分工体系，尚未摆脱对资源的依赖，而同时东部沿海

---

① 区域内部指东部、中部、西部、东北各地区所包含的省份，如东北地区内部指辽宁、吉林、黑龙江的比较；区域之间指东部、中部、西部、东北不同地区之间，如东部与西部之间的比较。

地区要进口大量的中间产品。因此，有待进一步延伸与深化全球产业分工的国内环节，让中西部地区更多地参与全球分工体系。

二、主要政策启示

（一）统筹各方资源，设立产业转型基金

规范和引导地方设立应对贸易冲突的产业转型基金，支持短期内面临较大困难的地区和企业加快转型。从前面的分析中可以看出，不同的地方和不同行业受美国加征关税的影响存在较大差异。针对这一情况，应统筹中央和地方各方面的资源，引导设立扶持短期内受中美贸易冲突较大的地区和企业转型的基金。基金的使用应设立规范、合理的条件，如企业在贸易冲击前应具备一定的盈利能力且拥有较好的转型空间、企业受中美贸易冲突影响达到一定标准、涉及就业人员达到一定规模等。

（二）推进"一带一路"建设，加强次区域合作

推进"一带一路"建设，加强次区域合作，为区域经济进一步开放提供更便利的条件，推动全球价值链与国内价值链的对接。从分析可以看出，受内外环境的影响，国内的一些产业向境外转移是必然趋势，美国加征关税将加快相关产业或部分生产环节的转移。在这一过程中，利用"一带一路"建设的契机，促进大湄公河等跨境次区域合作以及陆海新通道等新开放举措，推动沿海发达地区与沿线地区开展园区合作，应鼓励引导一些企业走出去，发展成为全球价值链的组织者和主导者，推动全球价值链与国内价值链的对接，防止产业转移过程中国内经济与全球经济的脱钩。另外，通过加快"一带一路"建设，提高中西部地区的对外连通度和开放度，推动中西部地区从对外开放的"后方"走向"前线"，以抵消中美贸易冲突带来的影响。

（三）加快推进社会保障体系全国统筹进度

加快推进社会保障体系全国统筹进度，消除影响劳动力跨区流动和再就业的各种区域性障碍，为面临失业和转型的人员提供更好保障。中美贸易冲突对部分地区的就业市场冲击较大，将直接影响其社会保障体系缴费能力，短期带来一定的支付压力。应加快推进社会保障体系的全国统筹建设，特别是加快实现基本养老保险全国统筹，确保受中美贸易冲突影响较

大地区的社会保障体系的保障能力；加快建立健全失业保险费率调整与经济社会发展的联动机制，适时调整失业保险金标准和放宽申领条件。同时，加快推进就业市场的改革，推动各地区消除影响劳动力跨区流动和再就业的体制机制障碍，为促进受经济转型影响的劳动力提供更好的再就业保障。

（执笔人：唐泽地、潘晨、何建武）

附 录

附表 1　　　　　美国加征关税对我国各省份地区生产总值的影响　　　　　单位：%

地区	情景一：2 500 亿美元商品加征 25% 关税	情景二：加征 10% 关税的 3 000 亿美元清单，于 9 月 1 日生效的部分	情景三：全部输美商品（5 500 亿美元）加征 25% 关税
北京	- 0. 20	- 0. 03	- 0. 36
天津	- 0. 39	0. 03	- 0. 70
河北	- 0. 28	- 0. 11	- 0. 33
山西	- 0. 29	- 0. 06	- 0. 52
内蒙古	- 0. 26	- 0. 04	- 0. 37
辽宁	- 0. 23	- 0. 03	- 0. 23
吉林	- 0. 15	- 0. 01	- 0. 11
黑龙江	- 0. 19	- 0. 04	- 0. 25
上海	- 0. 55	- 0. 04	- 1. 13
江苏	- 0. 64	- 0. 10	- 1. 50
浙江	- 0. 88	- 0. 35	- 1. 52
安徽	- 0. 36	- 0. 05	- 0. 71
福建	- 0. 58	- 0. 34	- 1. 25
江西	- 0. 32	- 0. 15	- 0. 67
山东	- 0. 40	- 0. 11	- 0. 38
河南	- 0. 29	- 0. 01	- 0. 72
湖北	- 0. 17	- 0. 02	- 0. 43
湖南	- 0. 26	- 0. 03	- 0. 48
广东	- 1. 13	- 0. 11	- 3. 14
广西	- 0. 25	- 0. 01	- 0. 44
海南	- 0. 29	- 0. 09	- 0. 42
重庆	- 0. 35	0. 07	- 0. 93
四川	- 0. 16	0. 02	- 0. 53
贵州	- 0. 25	- 0. 02	- 0. 45

续表

地区	情景一：2 500 亿美元 商品加征 25% 关税	情景二：加征 10% 关税的 3 000 亿美元清单， 于 9 月 1 日生效的部分	情景三：全部输美商品 （5 500 亿美元） 加征 25% 关税
云南	− 0.24	− 0.01	− 0.33
西藏	− 0.04	− 0.05	− 0.12
陕西	− 0.35	− 0.01	− 0.90
甘肃	− 0.24	− 0.01	− 0.40
青海	− 0.06	− 0.02	− 0.07
宁夏	− 0.27	− 0.04	− 0.34
新疆	− 0.24	− 0.29	− 0.65
全国	− 0.45	− 0.09	− 0.95

附表 2   美国加征关税对我国各省份就业的影响

地区	情景一：2 500 亿美元 商品加征 25% 关税		情景二：加征 10% 关税的 3 000 亿美元清单， 于 9 月 1 日生效的部分		情景三：全部输美商品 （5 500 亿美元） 加征 25% 关税	
	人数（万人）	占比（%）	人数（万人）	占比（%）	人数（万人）	占比（%）
北京	− 2.07	− 0.17	− 0.49	− 0.04	− 4.11	− 0.33
天津	− 2.64	− 0.30	0.09	0.01	− 5.31	− 0.59
河北	− 6.92	− 0.16	− 5.58	− 0.13	− 11.61	− 0.27
山西	− 3.45	− 0.18	− 0.56	− 0.03	− 7.43	− 0.39
内蒙古	− 2.43	− 0.17	− 0.72	− 0.05	− 3.63	− 0.26
辽宁	− 6.45	− 0.28	− 2.02	− 0.09	− 7.68	− 0.34
吉林	− 1.63	− 0.11	− 0.37	− 0.03	− 1.60	− 0.11
黑龙江	− 2.82	− 0.14	− 0.90	− 0.04	− 3.96	− 0.20
上海	− 6.10	− 0.44	− 0.74	− 0.05	− 15.83	− 1.15
江苏	− 16.90	− 0.36	− 6.25	− 0.13	− 50.20	− 1.06
浙江	− 23.68	− 0.62	− 15.32	− 0.40	− 52.03	− 1.37
安徽	− 9.71	− 0.22	− 3.57	− 0.08	− 19.25	− 0.44
福建	− 9.61	− 0.34	− 7.72	− 0.28	− 22.91	− 0.82
江西	− 4.80	− 0.18	− 4.36	− 0.16	− 12.27	− 0.46
山东	− 18.45	− 0.28	− 9.36	− 0.14	− 23.54	− 0.36
河南	− 11.95	− 0.18	− 3.94	− 0.06	− 32.74	− 0.48

续表

地区	情景一：2 500 亿美元商品加征 25% 关税		情景二：加征 10% 关税的 3 000 亿美元清单，于 9 月 1 日生效的部分		情景三：全部输美商品（5 500 亿美元）加征 25% 关税	
	人数（万人）	占比（%）	人数（万人）	占比（%）	人数（万人）	占比（%）
湖北	-3.05	-0.08	-2.14	-0.06	-6.49	-0.18
湖南	-6.53	-0.17	-2.13	-0.06	-10.87	-0.28
广东	-53.99	-0.85	-10.15	-0.16	-152.22	-2.40
广西	-4.17	-0.15	-1.79	-0.06	-6.54	-0.23
海南	-1.51	-0.26	-0.70	-0.12	-2.11	-0.36
重庆	-2.46	-0.14	-0.33	-0.02	-5.83	-0.34
四川	-3.20	-0.07	-0.63	-0.01	-10.23	-0.21
贵州	-2.87	-0.14	-1.03	-0.05	-3.74	-0.18
云南	-4.10	-0.14	-0.90	-0.03	-5.65	-0.19
西藏	-0.09	-0.03	-0.13	-0.05	-0.21	-0.08
陕西	-3.78	-0.18	-1.24	-0.06	-8.49	-0.41
甘肃	-1.89	-0.12	-0.80	-0.05	-3.46	-0.22
青海	-0.12	-0.04	-0.10	-0.03	-0.36	-0.11
宁夏	-0.38	-0.15	-0.15	-0.04	-0.50	-0.13
新疆	-1.38	-0.11	-4.56	-0.35	-6.67	-0.51
全国	-218.58	-0.26	-88.32	-0.11	-495.34	-0.59

附表 3　美国加征关税对各地区经济总量与就业影响较明显的行业（TOP 5）

情景	序号	东部地区		中部地区		西部地区		东北地区		全国	
		对 GDP 影响较大的行业	对就业影响较大的行业	对 GDP 影响较大的行业	对就业影响较大的行业	对 GDP 影响较大的行业	对就业影响较大的行业	对 GDP 影响较大的行业	对就业影响较大的行业	对 GDP 影响较大的行业	对就业影响较大的行业
情景一	1	通信设备、计算机和其他电子设备	农林牧渔产品和服务	金属冶炼和压延加工品	农林牧渔产品和服务	煤炭采选产品	农林牧渔产品和服务	农林牧渔产品和服务	农林牧渔产品和服务	通信设备、计算机和其他电子设备	农林牧渔产品和服务

续表

情景	序号	东部地区		中部地区		西部地区		东北地区		全国	
		对GDP影响较大的行业	对就业影响较大的行业	对GDP影响较大的行业	对就业影响较大的行业	对GDP影响较大的行业	对就业影响较大的行业	对GDP影响较大的行业	对就业影响较大的行业	对GDP影响较大的行业	对就业影响较大的行业
情景一	2	化学产品	通信设备、计算机和其他电子设备	煤炭采选产品	批发和零售	金属冶炼和压延加工品	批发和零售	木材加工品和家具	批发和零售	化学产品	批发和零售
	3	木材加工品和家具	批发和零售	化学产品	煤炭采选产品	通信设备、计算机和其他电子设备	通信设备、计算机和其他电子设备	石油和天然气开采产品	通用设备	木材加工品和家具	通信设备、计算机和其他电子设备
	4	造纸印刷和文教体育用品	造纸印刷和文教体育用品	通信设备、计算机和其他电子设备	通信设备、计算机和其他电子设备	农林牧渔产品和服务	金属冶炼和压延加工品	化学产品	化学产品	造纸印刷和文教体育用品	造纸印刷和文教体育用品
	5	通用设备	木材加工品和家具	农林牧渔产品和服务	交通运输、仓储和邮政	化学产品	住宿和餐饮	通用设备	交通运输、仓储和邮政	批发和零售	木材加工品和家具
情景二	1	纺织服装鞋帽皮革羽绒及其制品	纺织服装鞋帽皮革羽绒及其制品	纺织服装鞋帽皮革羽绒及其制品	农林牧渔产品和服务	农林牧渔产品和服务	农林牧渔产品和服务	纺织服装鞋帽皮革羽绒及其制品	农林牧渔产品和服务	纺织服装鞋帽皮革羽绒及其制品	农林牧渔产品和服务

情景	序号	东部地区		中部地区		西部地区		东北地区		全国	
		对GDP影响较大的行业	对就业影响较大的行业	对GDP影响较大的行业	对就业影响较大的行业	对GDP影响较大的行业	对就业影响较大的行业	对GDP影响较大的行业	对就业影响较大的行业	对GDP影响较大的行业	对就业影响较大的行业
情景二	2	纺织品	农林牧渔产品和服务	农林牧渔产品和服务	纺织服装鞋帽皮革羽绒及其制品	纺织服装鞋帽皮革羽绒及其制品	纺织服装鞋帽皮革羽绒及其制品	农林牧渔产品和服务	纺织服装鞋帽皮革羽绒及其制品	纺织品	纺织服装鞋帽皮革羽绒及其制品
	3	化学产品	纺织品	纺织品	批发和零售	煤炭采选产品	通信设备、计算机和其他电子设备	化学产品	批发和零售	化学产品	通信设备、计算机和其他电子设备
	4	农林牧渔产品和服务	批发和零售	化学产品	通信设备、计算机和其他电子设备	纺织品	批发和零售	食品和烟草	纺织品	农林牧渔产品和服务	批发和零售
	5	批发和零售	化学产品	煤炭采选产品	纺织品	化学产品	纺织品	石油和天然气开采产品	通用设备	批发和零售	纺织品
情景三	1	通信设备、计算机和其他电子设备	通信设备、计算机和其他电子设备	通信设备、计算机和其他电子设备	农林牧渔产品和服务	通信设备、计算机和其他电子设备	农林牧渔产品和服务	石油和天然气开采产品	农林牧渔产品和服务	通信设备、计算机和其他电子设备	通信设备、计算机和其他电子设备

情景	序号	东部地区		中部地区		西部地区		东北地区		全国	
		对GDP影响较大的行业	对就业影响较大的行业	对GDP影响较大的行业	对就业影响较大的行业	对GDP影响较大的行业	对就业影响较大的行业	对GDP影响较大的行业	对就业影响较大的行业	对GDP影响较大的行业	对就业影响较大的行业
情景三	2	电气机械和器材	农林牧渔产品和服务	金属冶炼和压延加工品	通信设备、计算机和其他电子设备	煤炭采选产品	通信设备、计算机和其他电子设备	农林牧渔产品和服务	纺织服装鞋帽皮革羽绒及其制品	电气机械和器材	农林牧渔产品和服务
	3	纺织服装鞋帽皮革羽绒及其制品	电气机械和器材	煤炭采选产品	批发和零售	批发和零售	批发和零售	交通运输设备	批发和零售	纺织服装鞋帽皮革羽绒及其制品	批发和零售
	4	批发和零售	批发和零售	电气机械和器材	煤炭采选产品	金属冶炼和压延加工品	纺织服装鞋帽皮革羽绒及其制品	木材加工品和家具	通信设备、计算机和其他电子设备	批发和零售	纺织服装鞋帽皮革羽绒及其制品
	5	化学产品	纺织服装鞋帽皮革羽绒及其制品	农林牧渔产品和服务	交通运输、仓储和邮政	农林牧渔产品和服务	住宿和餐饮	批发和零售	木材加工品和家具	化学产品	电气机械和器材

参考文献

［1］陈爱贞：《中国装备制造业自主创新的制约与突破——基于全球价值链的竞争视角分析》，载于《南京大学学报（哲学·人文科学·社会科学）》2008 年第 1 期。

［2］陈丰龙、徐康宁：《中国出口贸易垂直专业化的地区差异及其影响因素》，载于《世界经济研究》2012 年第 6 期。

［3］程大中：《中国参与全球价值链分工的程度及演变趋势——基于跨国投入—产出分析》，载于《经济研究》2015 年第 9 期。

［4］杜大伟、若泽·吉勒尔梅·莱斯、王直：《全球价值链发展报告（2017）》，社会科学文献出版社 2018 年版。

［5］樊茂清、黄薇：《基于全球价值链分解的中国贸易产业结构演进研究》，载于《世界经济》2014 年第 2 期。

［6］顾阿伦、吕志强：《经济结构变动对中国碳排放影响——基于 IO－SDA 方法的分析》，载于《中国人口资源与环境》2016 年第 3 期。

［7］黄奇帆：《国际贸易格局已发生根本变化》，http://finance. sina. com. cn/zl/2019－04－25/zl－ihvhiewr8091359. shtml，2019 年 4 月 25 日。

［8］黎峰：《增加值视角下的中国国家价值链分工——基于改进的区域投入产出模型》，载于《中国工业经济》2016 年第 3 期。

［9］李跟强、潘文卿：《国内价值链如何嵌入全球价值链：增加值的视角》，载于《管理世界》2016 年第 7 期。

［10］李慧燕：《中国装备制造业垂直专业化地位的影响因素研究》，载于《软科学》2013 年第 10 期。

［11］李善同、何建武、刘云中：《全球价值链视角下中国国内价值链分工测算研究》，载于《管理评论》2018 年第 5 期。

[12] 李善同、董礼华、何建武：《2012 年中国地区扩展投入产出表：编制与应用》，经济科学出版社 2018 年版。

[13] 李善同、何建武、张红梅、祝灵秀：《出口省内增加值率能否作为衡量发展质量的指标？——基于中国省级数据的分析》，载于《国务院发展研究中心调查研究报告》2018 年 12 月。

[14] 李昕、徐滇庆：《中国外贸依存度和失衡度的重新估算——全球生产链中的增加值贸易》，载于《社会科学》2013 年第 1 期。

[15] 刘遵义、陈锡康、杨翠红等：《非竞争型投入占用产出模型及其应用——中美贸易顺差透视》，载于《中国社会科学》2007 年第 5 期。

[16] 卢锋：《产品内分工》，载于《经济学（季刊）》2004 年第 4 期。

[17] 麦肯锡公司：《变革中的全球化进程与中国的角色》，2019 年。

[18] 倪红福：《全球价值链中产业"微笑曲线"存在吗？——基于增加值平均传递步长方法》，载于《数量经济技术经济研究》2016 年第 11 期。

[19] 倪红福、夏杰长：《中国区域在全球价值链中的作用及其变化》，载于《财贸经济》2016 年第 10 期。

[20] 倪红福：《全球价值链视角下中美经贸摩擦》，载于《审计观察》2019 年第 7 期。

[21] 平新乔：《产业内贸易理论与中美贸易关系》，载于《国际经济评论》2005 年第 5 期。

[22] 世界银行：《2020 年世界发展报告》，2019 年。

[23] 苏庆义：《中国省级出口的增加值分解及其应用》，载于《经济研究》2016 年 a 第 1 期。

[24] 苏庆义：《中国国际分工地位的再评估——基于出口技术复杂度与国内增加值双重视角的分析》，载于《财经研究》2016 年 b 第 6 期。

[25] 潘文卿、李跟强：《垂直专业化、贸易增加值与增加值贸易核算——全球价值链背景下基于国家地区间投入产出模型方法综述》，载于《经济学报》2014 年第 4 期。

[26] 王直、魏尚进、祝坤福：《总贸易核算法：官方贸易统计与全球价值链的度量》，载于《中国社会科学》2015 年第 9 期。

[27] 王中华、赵曙东：《中国工业参与国际垂直专业化分工影响因素的

实证分析》，载于《上海经济研究》2009 年第 8 期。

[28] 郐丽萍、柴陆陆：《跨境垂直专业化影响因素分析——对中国－东盟制造业分行业面板数据的实证》，载于《科技进步与对策》2017 年第 7 期。

[29] 张少军：《全球价值链与国内价值链——基于投入产出表的新方法》，载于《国际贸易问题》2009 年第 4 期。

[30] 张如庆、张登峰：《生产性服务业垂直专业化的测度及影响因素研究——基于 WIOD 跨国面板数据的实证分析》，载于《现代经济探讨》2019 年第 4 期。

[31] 张建清、郑雨楠：《基于增加值核算法的中美和中韩贸易还原》，载于《经济经纬》2015 年第 6 期。

[32] 张忠杰：《中国增加值贸易的核算与趋势分析》，载于《统计与决策》2017 年第 3 期。

[33] 周少甫、王伟、董登新：《人力资本与产业结构转化对经济增长的效应分析——来自中国省级面板数据的经验证据》，载于《数量经济技术经济研究》2013 年第 8 期。

[34] 苏庆义：《中国省级出口的增加值分解及其应用》载于《经济研究》2016 年第 1 期，第 84－113 页。

[35] 李跟强、潘文卿：《国内价值链如何嵌入全球价值链：增加值的视角》，载于《管理世界》2016 年第 7 期，第 10－22 页。

[36] 倪红福、夏杰长：《中国区域在全球价值链中的作用及其变化》，载于《财贸经济》2016 年第 10 期，第 87－101 页。

[37] 潘文卿、李跟强：《中国区域的国家价值链与全球价值链：区域互动与增值收益》，载于《经济研究》2018 年第 3 期，第 171－186 页。

[38] 北京大学中国经济研究中心课题组：《中国出口贸易中的垂直专门化与中美贸易》，载于《世界经济》2006 年第 5 期。

[39] 黄先海、韦畅：《中国制造业出口垂直专业化程度的测度与分析》，载于《管理世界》2007 年第 4 期。

[40] 胡昭玲：《国际垂直专业化对中国工业竞争力的影响分析》，载于《财经研究》2007 年第 4 期。

[41] 倪红福、夏杰长：《垂直专业化与危机中的贸易下滑》，载于《世

界经济》2016 年第 4 期。

[42] 易先忠、欧阳峣、傅晓岚：《国内市场规模与出口产品结构多元化：制度环境的门槛效应》，载于《经济研究》2014 年第 6 期。

[43] 余泳泽、张先轸：《要素禀赋、适宜性创新模式选择与全要素生产率提升》，载于《管理世界》2015 年第 9 期。

[44] 张彬、桑百川：《中国制造业参与国际分工对升级的影响与升级路径选择——基于出口垂直专业化视角的研究》，载于《产业经济研究》2015 年第 5 期。

[45] 张红梅、祝灵秀、李善同、何建武：《高出口省内增加值率能否作为政策目标——基于中国省级数据的研究》，载于《经济学家》2020 年第 3 期。

[46] 乔小勇、王耕、李泽怡：《中国制造业、服务业及其细分行业在全球生产网络中的价值增值获取能力研究：基于"地位—参与度—显性比较优势"视角》，载于《国际贸易问题》2017 年第 3 期，第 63 ~ 74 页。

[47] 李钢、刘吉超：《入世十年中国产业国际竞争力的实证分析》，载于《财贸经济》2012 年第 8 期，第 88 ~ 96 页。

[48] 金碚、李鹏飞、廖建辉：《中国产业国际竞争力现状及演变趋势——基于出口商品的分析》，载于《中国工业经济》2013 年第 5 期，第 5 ~ 17 页。

[49] 张杰、陈志远、刘元春：《中国出口国内附加值的测算与变化机制》，载于《经济研究》2013 年第 10 期，第 124 ~ 137 页。

[50] 戴翔：《中国制造业国际竞争力——基于贸易附加值的测算》，载于《中国工业经济》2015 年第 1 期，第 78 ~ 88 页。

[51] 郭晶、刘菲菲：《中国服务业国际竞争力的重新估算——基于贸易增加值视角的研究》，载于《世界经济研究》2015 年第 2 期，第 52 ~ 60 页。

[52] 张禹、严兵：《中国产业国际竞争力评估——基于比较优势与全球价值链的测算》，载于《国际贸易问题》2016 年第 10 期，第 38 ~ 49 页。

[53] 陆旸：《从开放宏观的视角看环境污染问题：一个综述》，载于《经济研究》2012 年第 47 期，第 146 ~ 158 页。

[54] 潘文卿、李跟强：《中国区域的国家价值链与全球价值链：区域互动与增值收益》，载于《经济研究》2018 年第 53 期，第 171 ~ 186 页。

［55］姚愉芳、齐舒畅、刘琪：《中国进出口贸易与经济、就业、能源关系及对策研究》，载于《数量经济技术经济研究》2008 年第 25 期，第 56 ~ 65 页、86 页。

［56］郭菊娥、孟磊、郭广涛：《次贷危机影响下我国国内增加值及就业发展态势》，载于《中国人口·资源与环境》2009 年第 19 期，第 1 ~ 6 页。

［57］李善同、何建武：《从经济、资源、环境角度评估对外贸易的拉动作用》，载于《发展研究》2009 年第 4 期，第 12 ~ 14 页。

［58］李锴、齐绍洲：《贸易开放、经济增长与中国二氧化碳排放》，载于《经济研究》2011 年第 46 期，第 60 ~ 72 页、第 102 页。

［59］周杰琦、汪同三：《贸易开放提高了二氧化碳排放吗？——来自中国的证据》，载于《财贸研究》，2013 年第 24 期，第 12 ~ 19 页、第 43 页。

［60］高鸣、陈秋红：《贸易开放、经济增长、人力资本与碳排放绩效——来自中国农业的证据》，载于《农业技术经济》2014 年第 11 期，第 101 ~ 110 页。

［61］王美昌、徐康宁：《贸易开放、经济增长与中国二氧化碳排放的动态关系——基于全球向量自回归模型的实证研究》，载于《中国人口·资源与环境》2015 年第 25 期，第 52 ~ 58 页。

［62］吕越、吕云龙：《中国参与全球价值链的环境效应分析》，载于《中国人口·资源与环境》2019 年第 29 期，第 91 ~ 100 页。

［63］余丽丽、彭水军：《中国区域嵌入全球价值链的碳排放转移效应研究》，载于《统计研究》2018 年第 35 期，第 16 ~ 29 页。

［64］包善良：《中美贸易争端的演进过程、动因及发展趋势》，载于《国际关系研究》2018 年第 4 期，第 58 ~ 78 页。

［65］鲍勤、苏丹华、汪寿阳：《中美贸易摩擦对中国经济影响的系统分析》，载于《管理评论》2020 年第 7 期，第 3 ~ 16 页。

［66］梁明：《中美贸易摩擦的缘起、影响和未来走向》，载于《国际贸易》2019 年第 7 期，第 25 ~ 36 页。

［67］倪红福、龚六堂、陈湘杰：《全球价值链中的关税成本效应分析——兼论中美贸易摩擦的价格效应和福利效应》，载于《数量经济技术经济研究》2018 年第 8 期，第 74 ~ 90 页。

[68] 许宪春、余航：《理解中美贸易不平衡：统计视角》，载于《经济学动态》2018 年第 7 期，第 27 ~ 35 页。

[69] 张萌：《中美经贸摩擦：进程、动因与对策建议》，载于《当代世界》2019 年 3 期，第 75 ~ 78 页。

[70] 张雨、戴翔、张二震：《要素分工下贸易保护效应与中美贸易摩擦的长期应对》，载于《南京社会科学》2020 年第 3 期，第 48 ~ 53 页。

[71] Ahmad, N. and A. Wyckoff, Carbon Dioxide Emissions Embodied in International Trade of Goods. OECD Science, Technology and Industry Working Paper 15, 2003.

[72] Antràs P., Conceptual Aspects of Global Value Chains. NBER Working Paper, No, 26539, 2019.

[73] Antràs, P. and Chor D., Organizing the Global Value Chain. Econometrica, 2013, 81 (6): 2127 – 2204.

[74] Castells, M., 1996. The Information Age: Economy, Society and Culture, 3 vols. Oxford: Blackwell.

[75] Daudin, G., R. Christine and S. Danielle, 2001. Who Produces for Whom in the World Economy? Canadian Journal of Economics, (4): 1403 – 1437.

[76] Feenstra, Robert, Wen Hai, Wing Woo and Shunli Yao, 1999. Discrepancies in International Data: An Application to China-Hong Kong Entrept Trade. American Economic Review, 89 (2): 338 – 343.

[77] Gereffi, G., J. Humphrey and T. Sturgeon, 2005. The Governance of Global Value Chains. Review of International Political Economy, 12 (1): 78 – 104.

[78] Gereffi, G., and R. Kaplinsky, eds, 2001. The Value of Value Chains: Spreading the Gains from Globalisation. Special Issue of the Institute of Development Studies Bulletin (IDS) Bulletin, Brighton. U. K.: IDS.

[79] Graham, S. and S. Marvin, 1996. Telecommunications and the City: Electronic Spaces, Urban Places. London: Routledge.

[80] Grossman, G. M. and E. Rossi – Hansberg, 2008. Task Trade between Similar Countries. NBER Working Paper, No. 14544.

[81] Hummels, D. , Ishii J and Yi K M. , 2001. The Nature and Growth of Vertical Specialization in World Trade. Journal of International Economics, 54 (1): 75 - 96.

[82] Koopman, R. , W. Powers, Z. Wang and S. J. Wei, 2011. Give Credit Where Credit is Due: Tracing Value - added in Global Production Chains. NBER Working Paper, No. 16426, 1 - 19.

[83] Koopman, R. , Z. Wang and S. J. Wei, 2008. How Much of Chinese Export is Really Made in China? Assessing Domestic Value - added When Processing Trade is Pervasive. NBER Working Paper, No. 14109, 1 - 48.

[84] Koopman, R. , Z. Wang and S. J. Wei, 2014. Tracing Value - added and Double Counting in Gross Exports. The American Economic Review, 104 (2): 459 - 494.

[85] Pascal Lamy, 2011. Lamy Suggests 'Trade in Value - added' as a Better Measurement of World Trade. WTO News Item. http: //www. wto. org/english/news_e/news11_e/miwi_06jun11_e. htm.

[86] Johnson, R. C. and G. Noguera, 2012. Accounting for International: Production Sharing and Trade in Value Added. Journal of International Economics, 86 (2): 224 - 236.

[87] Meng, B. and Miroudot, 2011. Towards measuring trade in value added and other indicators of global value chains: current OECD work using I/O table. UNSD and WTO, Geneva, Switzerland.

[88] Meng, B. , N. Yamano and Y. Fang, 2012. China's Regional Economics and Value Chains: An Interregional Input - output Analysis. IDE Discussion Paper, No. 359.

[89] Meng, B. , Z. Wang and R. Koopman, 2013. How are Global Value Chains Fragmented and Extended in China's Domestic Production Networks? . IDE Discussion Papers.

[90] Michael, P. , 1985. Competitive Advantage: Creating and Sustaining Superior Performance. The Free Press.

[91] Raphael, K. and M. Mike, 2001. A Handbook for Value Chain Re-

search. Prepared for the IDRC.

［92］Tempest, R., 1996. Barbie and the World Economy. Los Angeles Times, September 22.

［93］Timmer, M. P., Erumban A. A., Los B., et al., 2014. Slicing Up Global Value Chains. Journal of Economic Perspectives, 28（2）: 99 – 118.

［94］UNIDO, 2002. Industrial Development Report 2002/2003 Overview.

［95］Wang Zhi, Wei Shang – Jin, Yu Xingding and Zhu Kunfu, 2016. Characterizing Global Value Chains. Working Paper, 23261.

［96］World Bank Group. World Development Report 2020: Trading for Development in the Age of Global Value Chains ［R］. 2019.

［97］Varian, H., 2007. An iPod has a Global Value. Ask the（Many）Countries that Make it. The New York Times, June 28.

［98］Grossman G M, Helpman E., 2003. Outsourcing versus FDI in Industry Equilibrium. Journal of the European Economic Association, 1（2 – 3）: 317 – 327.

［99］Stigler G. J., 1951. The Division of Labor is Limited by the Extent of the Market. Journal of political Economy, 59（3）: 185 – 193.

［100］Yi K M. 2003, Can vertical specialization explain the growth of world trade? Journal of political Economy, 111（1）: 52 – 102.

［101］World Bank Group. Trading for Development in the Age of Global Value Chains ［R］. 2019.

［102］Pascal Lamy. Lamy Suggests Trade in Value – added as a Better Measurement of World Trade ［OL］. WTO News Item, 2011 – 6 – 6. http: //www. wto. org/english/news_e/news11_e/miwi_06jun11_e. htm

［103］David Dollar, Bilal Khan, and Jiansuo Pei. Should High Domestic Value Added in Exports be an Objective of Policy? ［C］. In Global Value Chain Development Report 2019: 142 – 143.

［104］Bo Meng, Z. Wang and R. Koopman. How are Global Value Chains Fragmented and Extended in China's Domestic Production Networks? ［R］. IDE Discussion Papers, 2013.

［105］ Robert Koopman, P. William, Z. Wang and S. J. Wei. Give Credit Where Credit Is Due: Tracing Value Added in Global Production Chains ［R］. NBER Working Paper, 2010.

［106］ Robert Johnson, C. and G. Noguera. Accounting for International: Production Sharing and Trade in Value Added ［J］. Journal of International Economics, 2012 （86）: 224 −236.

［107］ Robert Koopman, Z. Wang and S. J. Wei. Tracing Value − Added and Double Counting in Gross Exports ［J］. American Economic Review, 2014 （104）: 459 −494.

［108］ Zhi Wang, S. J. Wei and K. F. Zhu. Quantifying International Production Sharing at the Bilateral and Sector Levels ［R］. NBER Working Paper, 2013.

［109］ Erik Dietzenbacher and Los, Bart. Structural Decomposition Techniques: Sense and Sensitivity ［J］. Economic Systems Research, 1998 （10）: 307 −324.

［110］ Amiti, M., Wei, S., 2005. Service Offshoring, Productivity, and Employment: Evidence from the United States. IMF Working Papers, 05 （238）, 1.

［111］ Egger, H., Egger, P., 2005. The Determinants of EU Processing Trade. The World Economy, 28 （2）, 147 −168.

［112］ Yamashita N., 2007. The impact of production fragmentation on industry skill upgrading: New evidence from Japanese manufacturing ［J］. Elsevier Inc., 22 （4）.

［113］ Yeats A J., 1998. Just How Big is Global Production Sharing? ［M］. World Bank, Development Research Group.

［114］ Balassa B. Trade Liberalization and Revealed Comparative Advantage ［J］. The Manchester school of economic and social studies, 1965 （33）: 99 − 123.

［115］ Dean J M, Fung K C, Wang Z. Measuring Vertical Specialization: The Case of China ［J］. Review of International Economics, 2011, 19 （4）: 609 − 625.

[116] Chen X K, Cheng L, Fung K C, et al. Domestic value added and employment generated by Chinese exports: A quantitative estimation [J]. China Economic Review, 2012 (23): 850 – 864.

[117] Koopman R, Wang Z, Wei S J. Estimating Domestic Content in Exports when Processing Trade is Pervasive [J]. Journal of International Economics, 2012, 99 (1): 178 – 189.

[118] Xing Y, Detert N C. How the iPhone Widens the United States Trade Deficit With the People's Republic of China [J]. SSRN Electronic Journal, 2010.

[119] Tang X, McLellan B C, Zhang B, et al. Trade-Off Analysis between Embodied Energy Exports and Employment Creation in China [J]. Journal of Cleaner Production, 2016, 134: 310 – 9.

[120] Zhang Z, Duan Y, Zhang W. Economic Gains and Environmental Costs from China's Exports: Regional Inequality and Trade Heterogeneity [J]. Ecological Economics, 2019, 164: 106340.

[121] Meng B, Xue J, Feng K, et al. China's Inter – Regional Spillover of Carbon Emissions and Domestic Supply Chains [J]. Energy Policy, 2013, 61: 1305 – 21.

[122] Tian X, Chang M, Lin C, et al. China's Carbon Footprint: A Regional Perspective on the Effect of Transitions in Consumption and Production Patterns [J]. Appl Energy, 2014, 123 (Supplement C): 19 – 28.

[123] Zhang Y. Interregional Carbon Emission Spillover Feedback Effects in China [J]. Energy Policy, 2017, 100: 138 – 48.

[124] Mi Z, Meng J, Guan D, et al. Chinese CO_2 Emission Flows Have Reversed since the Global Financial Crisis [J]. Nat Commun, 2017, 8 (1): 1712.

[125] Zhou D, Zhou X, Xu Q, et al. Regional Embodied Carbon Emissions and Their Transfer Characteristics in China [J]. Struct Change Econ Dynam, 2018, 46: 180 – 93.

[126] Chen M, Wu S, Lei Y, et al. Study on Embodied CO_2 Transfer between the Jing – Jin – Ji Region and Other Regions in China: A Quantification Using an Interregional Input – Output Model [J]. Environmental Science and Pollution

Research, 2018, 25（14）: 14068 - 82.

[127] Wu S, Wu Y, Lei Y, et al. Chinese Provinces' CO_2 Emissions Embodied in Imports and Exports [J]. Earth's Future, 2018, 6（6）: 867 - 81.

[128] Pan C, Peters G P, Andrew R M, et al. Structural Changes in Provincial Emission Transfers within China [J]. Environ Sci Technol, 2018, 52（22）: 12958 - 67.

[129] Zhao H, Zhang Q, Huo H, et al. Environment-Economy Tradeoff for BeijingTianjinHebei's Exports [J]. Appl Energy, 2016, 184: 926 - 35.

[130] Wang J, Wang K, Wei Y-M. How to Balance China's Sustainable Development Goals through Industrial Restructuring: A Multi-Regional Input Output Optimization of the Employment EnergyWater Emissions Nexus [J]. Environ Res Lett, 2020, 15（3）: 034018.

[131] Miller R E, Blair P D. Input Output Analysis: Foundations and Extensions [M]. Cambridge University Press, 2009.

[132] World Bank Group. Washington: The World Bank, 2020.

[133] Amiti M, Redding S J and Weinstein D. The Impact of the 2018 Trade War on U. S. Prices and Welfare. NBER Working Paper No. 25672, 2019.

[134] Carvalho M, Azevedo A and Massuquetti A. Emerging Countries and the Effects of the Trade War between US and China [J]. Economies, 2019, 7, 45.

[135] Fajgelbaum P D, Goldberg P K, Kennedy P J, and Khandelwal A K. The Return to Protectionism. NBER Working Paper No. 25638, 2019（3）.

[136] Flaaen A B, Hortaçsu A, and Tintelnot F. The Production Relocation and Price Effects of U. S. Trade Policy: The Case of Washing Machines. NBER Working Paper No. 25767, 2019（4）.

[137] Grossman G M, Helpman E. Trade Wars and Trade Talks [J]. Journal of Political Economy, 1995, 103（4）: 675 ~ 708.